プリント形式のリアル過去問で本番の臨場感！

兵庫県

兵庫県立大学附属中学校

2025年春受験用

答集

本書は，実物をなるべくそのままに，プリント形式で年度ごとに収録しています。
問題用紙を教科別に分けて使うことができるので，本番さながらの演習ができます。

■ 収録内容

・解答集（この冊子です）

書籍ＩＤ番号，この問題集の使い方，最新年度実物データ，リアル過去問の活用，
解答例と解説，ご使用にあたってのお願い・ご注意，お問い合わせ

・2024（令和６）年度 ～ 2017（平成29）年度　学力検査問題

○は収録あり	年度	'24	'23	'22	'21	'20	'19
■ 問題（適性検査）※		○	○	○	○	○	○
■ 解答用紙（書き込み式）		○	○	○	○	○	○
■ 配点							

全分野に解説があります

上記に2018年度と2017年度を加えた8年分を収録しています

※2018年度，2017年度の作文と2020年度，2019年度の国語分野の解答用紙は非公表（2019年度より作文はなし）

注）国語問題文等非掲載：2024年度の【問題一】と【問題二】，2023年度の【問題一】と【問題二】，2022年度の【問題一】，2021年度の【問題一】と【問題二】，2020年度の【問題一】，2019年度の【問題一】

問題文などの非掲載につきまして

著作権上の都合により，本書に収録している過去入試問題の本文や図表の一部を掲載しておりません。ご不便をおかけし，誠に申し訳ございません。

■ 書籍ＩＤ番号

入試に役立つダウンロード付録や学校情報などを随時更新して掲載しています。
教英出版ウェブサイトの「ご購入者様のページ」画面で，書籍ＩＤ番号を入力してご利用ください。

書籍ＩＤ番号　102130  

（有効期限：2025年9月30日まで）

【入試に役立つダウンロード付録】
「要点のまとめ(国語／算数)」
「課題作文演習」ほか

■ この問題集の使い方

年度ごとにプリント形式で収録しています。針を外して教科ごとに分けて使用します。①片側，②中央のどちらかでとじてありますので，下図を参考に，問題用紙と解答用紙に分けて準備をしましょう（解答用紙がない場合もあります）。

針を外すときは，けがをしないように十分注意してください。また，針を外すと紛失しやすくなりますので気をつけましょう。

① 片側でとじてあるもの

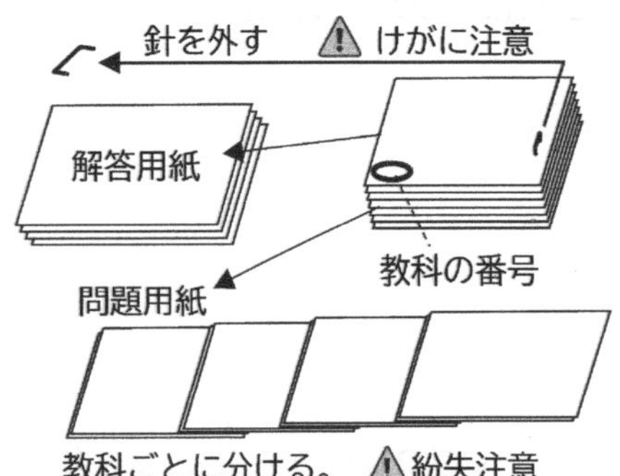

② 中央でとじてあるもの

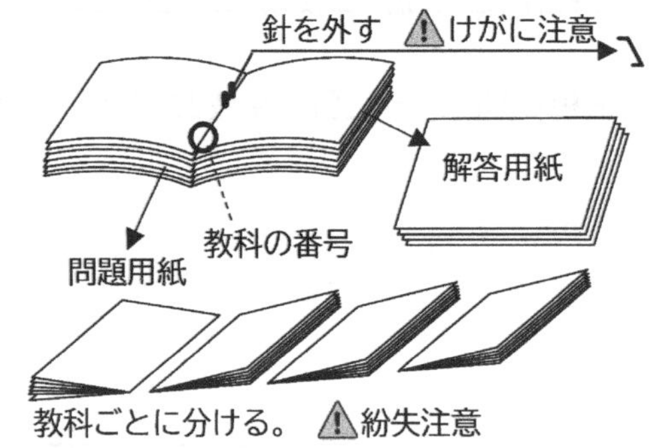

※教科数が上図と異なる場合があります。
解答用紙がない場合や，問題と一体になっている場合があります。
教科の番号は，教科ごとに分けるときの参考にしてください。

■ 最新年度 実物データ

実物をなるべくそのままに編集していますが，収録の都合上，実際の試験問題とは異なる場合があります。実物のサイズ，様式は右表で確認してください。

問題用紙	Ａ３片面プリント(書込み式)
解答用紙	

リアル過去問の活用

~リアル過去問なら入試本番で力を発揮することができる~

本番を体験しよう！

問題用紙の形式（縦向き / 横向き），問題の配置や余白など，実物に近い紙面構成なので本番の臨場感が味わえます。まずはパラパラとめくって眺めてみてください。「これが志望校の入試問題なんだ！」と思えば入試に向けて気持ちが高まることでしょう。

入試を知ろう！

同じ教科の過去数年分の問題紙面を並べて，見比べてみましょう。

①　問題の量

毎年同じ大問数か，年によって違うのか，また全体の問題量はどのくらいか知っておきましょう。どのくらいのスピードで解けば時間内に終わるのか，大問ひとつにかけられる時間を計算してみましょう。

②　出題分野

よく出題されている分野とそうでない分野を見つけましょう。同じような問題が過去にも出題されていることに気がつくはずです。

③　出題順序

得意な分野が毎年同じ大問番号で出題されていると分かれば，本番で取りこぼさないように先回りして解答することができるでしょう。

④　解答方法

記述式か選択式か（マークシートか），見ておきましょう。記述式なら，単位まで書く必要があるかどうか，文字数はどのくらいかなど，細かいところまでチェックしておきましょう。計算過程を書く必要があるかどうかも重要です。

⑤　問題の難易度

必ず正解したい基本問題，条件や指示の読み間違いといったケアレスミスに気をつけたい問題，後回しにしたほうがいい問題などをチェックしておきましょう。

問題を解こう！

志望校の入試傾向をつかんだら，問題を何度も解いていきましょう。ほかにも問題文の独特な言いまわしや，その学校独自の答え方を発見できることもあるでしょう。オリンピックや環境問題など，話題になった出来事を毎年出題する学校だと分かれば，日頃のニュースの見かたも変わってきます。

こうして志望校の入試傾向を知り対策を立てることこそが，過去問を解く最大の理由なのです。

実力を知ろう！

過去問を解くにあたって，得点はそれほど重要ではありません。大切なのは，志望校の過去問演習を通して，苦手な教科，苦手な分野を知ることです。苦手な教科，分野が分かったら，教科書や参考書に戻って重点的に学習する時間をつくりましょう。今の自分の実力を知れば，入試本番までの勉強の道すじが見えてきます。

試験に慣れよう！

入試では時間配分も重要です。本番で時間が足りなくなってあわてないように，リアル過去問で実戦演習をして，時間配分や出題パターンに慣れておきましょう。教科ごとに気持ちを切り替える練習もしておきましょう。

心を整えよう！

入試は誰でも緊張するものです。入試前日になったら，演習をやり尽くしたリアル過去問の表紙を眺めてみましょう。問題の内容を見る必要はもうありません。どんな形式だったかな？受験番号や氏名はどこに書くのかな？…ほんの少し見ておくだけでも，志望校の入試に向けて心の準備が整うことでしょう。

そして入試本番では，見慣れた問題紙面が緊張した心を落ち着かせてくれるはずです。

※まれに入試形式を変更する学校もありますが，条件はほかの受験生も同じです。心を整えてあせらずに問題に取りかかりましょう。

《解答例》

算数分野※【問題１】⑴87.39　⑵2026　⑶８時18分

【問題２】※⑴20　⑵㋑．②　㋓．①

【問題３】⑴７：８　⑵ア．15.75　イ．18

社会分野【問題１】⑴県名…宮崎　数字…６　⑵暖流の黒潮の影響で冬でも比較的温暖な気候を生かし，ビニールハウスなどを利用してピーマンの成長を早め，他県のピーマンの出荷量が少なくなる冬に出荷している。

⑶①県名…佐賀　数字…３　②遺跡名…吉野ヶ里　理由…土地や水をめぐって他のムラと争いが起きたときに，攻められにくくするため。　③豊臣秀吉　④２　⑷大久保利通

【問題２】⑴上がり／減る　⑵原材料費は増えるが，小売価格，おろしうり価格，生産者価格を変えないためには，製造業者の経費を削減する必要がある。宣伝広告の方法を見直し，より安価で効率的に宣伝できるようにする。

※の式や考え方は解説を参照してください。

《解　説》

算数分野

【問題１】

⑴　8.02＋12.3×7.2－9.19＝8.02＋88.56－9.19＝**87.39**

⑵　**【解き方】１年は365日であり，365÷７＝52余り１より，１年後の同じ日の曜日は１つ後の曜日となる。ただし，うるう年の２月29日をまたぐ場合は，２つ後の曜日となる。**

８月２日の曜日の変化は，水(2023年) → 金(2024年) → 土(2025年) → 日(2026年) となる。よって，日曜日になるのは**2026**年である。

⑶　**【解き方】同じ道のりを進むときにかかる時間の比は，速さの比の逆比に等しい。家から，お父さんが追いついた地点までの移動にかかった時間の差が14分である。**

時速54㎞は，$\frac{54\times1000}{60}$＝900より分速900ｍである。ヒカリさんとお父さんの速さの比が200：900＝２：９だから，家から，お父さんが追いついた地点までの移動にかかる時間の比は，２：９の逆比の９：２である。この比の数の９－２＝７が14分にあたるので，ヒカリさんがその地点までにかかった時間は，$14\times\frac{9}{7}$＝18(分)である。

よって，求める時刻は午前**８時18分**である。

【問題２】

⑴　５Ｌ＝5000㎤だから，12分間で入れた水の量は，5000×12＝60000(㎤)である。

面ＥＦＪＩを底面とする高さがＫＪ＝15㎝の直方体の体積は，60×60×15＝54000(㎤)だから，高さ15㎝よりも上の部分に60000－54000＝6000(㎤)の水が入る。この水が入る部分の底面積は，60×20＝1200(㎤)だから，

6000÷1200＝５(㎝)分水が入る。よって，求める深さは，15＋５＝**20**(㎝)

⑵　**【解き方】水が入る部分の底面積が変わるところで，グラフが折れる。**

㋐は水が入る部分の底面積が変わらないので，③である。

㋑と㋒は，水が入る部分の底面積が途中(とちゅう)で小さくなるから，②か④である。②でＣＤ＝20㎝，④でＧＦ＝15㎝だから，グラフが折れる高さが高い方の㋑は**②**，低い方の㋒は④である。

㊁と㊅は，水が入る部分の底面積が途中で大きくなるから，①か⑤である。①でＬＣ＝60－15＝45(㎝)，⑤でＨＧ＝60－20＝40(㎝)だから，グラフが折れる高さが高い方の㊁は①，低い方の㊅は⑤である。

【問題３】

⑴　長方形ＤＣＦＥの面積は，10×２＝20(㎠)だから，

ＡＤ：ＤＥ＝(長方形ＡＢＣＤの面積)：(長方形ＤＣＦＥの面積)＝17.5：20＝**７：８**

⑵　右図のように記号をおく。

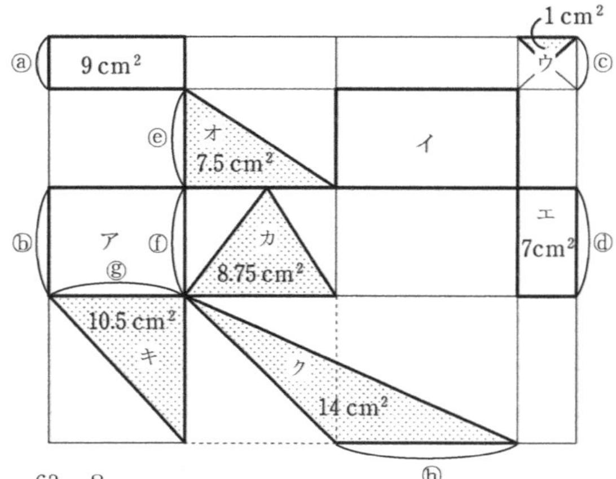

長方形ウの面積は１×４＝４(㎠)だから，

ⓒ：ⓓ＝(ウの面積)：(エの面積)＝４：７

したがって，ⓐ：ⓑ＝４：７だから，

(アの面積)＝$9\times\frac{7}{4}=\frac{63}{4}=$**15.75**(㎠)

ⓔ：ⓕ＝(オの面積)：(カの面積)＝６：７だから，

アとイの縦の辺の比は７：６である。

ⓖ：ⓗ＝(キの面積)：(クの面積)＝３：４だから，

アとイの横の辺の比は３：４である。

よって，イの面積はアの面積の，$\frac{6}{7}\times\frac{4}{3}=\frac{8}{7}$(倍)だから，$\frac{63}{4}\times\frac{8}{7}=$**18**(㎠)

社会分野

【問題１】

⑴　県名…宮崎　数字…６　　鹿児島県と宮崎県には，水はけのよいシラスが広がっているため，稲作より畜産や畑作がさかんに行われている。１は山口県，２は福岡県，３は佐賀県，４は大分県，５は熊本県。

⑵　促成栽培の説明が書かれていればよい。

⑶②　吉野ヶ里遺跡は，弥生時代の環濠集落遺跡として広く知られている。　③　豊臣秀吉は，朝鮮出兵の拠点として名護屋城を築いた。　④　木戸孝允は山口県(長州藩)出身である。アは陸奥宗光，ウは伊藤博文。

⑷　岩倉使節団として進んだ欧米の文化や技術を目の当たりにした大久保利通と，征韓論を唱えた西郷隆盛や板垣退助が対立し，西郷と板垣が政界を退いたことは覚えておきたい。

【問題２】

⑴　原料の小麦の価格が上がれば，原材料費が増え，小売価格は上がる。価格が上がれば買いたい量は減る。

⑵　「品質は同じ」にするためには，原材料を変えて原材料費が増えないようにしたり，人件費や減価償却費を減らしたりすることはできない。「おろしうり業者，小売業者の利益は減らさない」ためには，生産者価格が上がらないように製造業者の経費を減らしたり，卸売業者の経費や小売業者の経費を減らしたりできる方法を考える。

《解答例》

理科分野【問題１】⑴右図　⑵のび縮みするもの。　⑶ドアのちょうつがい／ショベルカーのうで　などから１つ　⑷力点に加わる力の大きさと支点から力点までのきょりが同じとき，支点から作用点までのきょりが短いほど，作用点ではたらく力は大きくなるから。

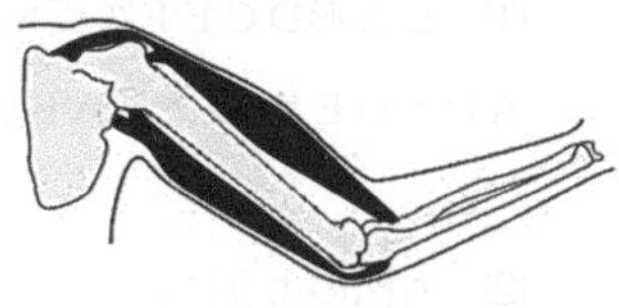
【問題１】⑴の図

【問題２】右図　説明…太陽と反対側のくきの先たん付近。

【問題２】の図

【問題３】⑴誤差を小さくするため。　⑵ふりこが往復する時間は，糸の長さを長くすると長くなるが，おもりの重さや引き上げた角度を変えても変わらない。　⑶①ウ　②長くなる。　⑷体の重心が支点に近づいて，ふりこの長さが短くなるから。

国語分野【問題一】【問題二】本文非公表のため、解答例は掲載しておりません。

《解　説》

理科分野

【問題１】

⑴　筋肉が関節をまたいで骨についていることで，関節の曲げ伸(の)ばしができる。

⑵　⑴の図において，うでの骨の上にある筋肉が縮み，下にある筋肉がゆるむと，うでが曲がる。また，うでの骨の上にある筋肉がゆるみ，下にある筋肉が縮むとうでが伸びる。

【問題２】

花が太陽の方を向くためには，太陽側より反対側のくきの方が少し長くなる必要があるから，太陽と反対側のくきでより成長を活発にさせる物質が発生していると考えられる。また，くきの成長は花のすぐ下のあたり(くきの先たん付近)で活発になっている。なお，実際には，くきの成長を活発にさせる特別な物質(オーキシンという)は，くきの先たん付近で発生し，光のあたらない方に移動してはたらく。

【問題３】

⑶①　〔ａ〕と〔ｂ〕では，支点からペットボトルの重心までの長さ(ふりこの長さ)が同じだから，１往復の時間は同じになる。　②　〔ｂ〕のペットボトルの水を３分の１まで減らすと，重心の位置(水が入っている部分の中心)が低くなるから，ふりこの長さが長くなって，１往復の時間は長くなる。

⑷　ブランコに座って乗るときと立って乗るときで，重さは変わらないが，座って乗るときに比べて立って乗るときの方が重心の位置が高くなるから，支点から重心までの長さが短くなって，１往復の時間は短くなる。

《解答例》

算数分野【問題1】(1)57　(2)$105\frac{2}{3}$

(3)右図／56

【問題2】(1)2400　(2)①108

②1440

【問題3】(1)右図　(2)右図

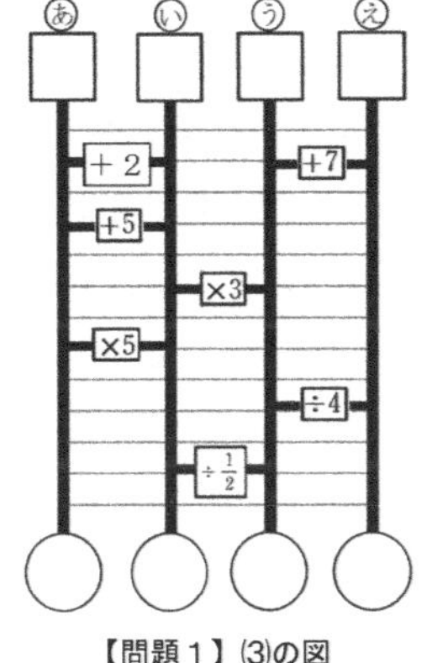

【問題1】(3)の図

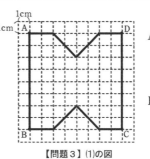

1cm
1cm
A
D
B
C
【問題3】(1)の図

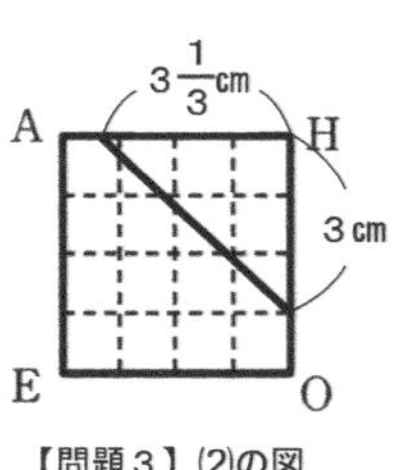

【問題3】(2)の図

社会分野【問題1】(1)秋田／岩手　(2)記号…ウ　国名…中国　(3)ウ　(4)エ　(5)渡来人　(6)ア

(7)藩名…対馬　使節名…(朝鮮)通信使

【問題2】(1)136　(2)2021年4月の利益は，約131億円になる。2022年4月の輸出台数は，2021年4月と比べて9000台以上減っているが，5億円の増益となり，円安は輸出に有利にはたらく。

《解　説》

算数分野

【問題1】

(1)　計算結果は，$7+5\times5\div\frac{1}{2}=7+5\times5\times2=7+50=57$

(2)　あに$\frac{2}{3}$を入れたときの計算結果は，$\frac{2}{3}+5\times3\div4=\frac{2}{3}+\frac{15}{4}$

いに$\frac{2}{3}$を入れたときの計算結果は，$\frac{2}{3}+5\times5\div\frac{1}{2}=\frac{2}{3}+50$

うに$\frac{2}{3}$を入れたときの計算結果は，$\frac{2}{3}+7\div4\div\frac{1}{2}=\frac{2}{3}+\frac{7}{2}$

えに$\frac{2}{3}$を入れたときの計算結果は，$\frac{2}{3}+7\times3\times5=\frac{2}{3}+105$

よって，えに入れたときの計算結果がもっとも大きくなり，その計算結果は，$\frac{2}{3}+105=105\frac{2}{3}$

(3)　**【解き方】計算結果が変化するような「＋2」の道の記入の仕方は，右のa～hの7通りある。この7通りの計算結果について考える。**

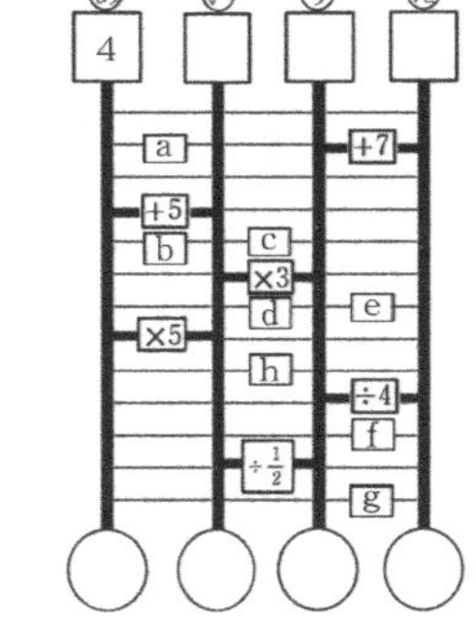

aのとき，$4+2+5\times5\div\frac{1}{2}=56$　bのとき，$4+5+2\times5\div\frac{1}{2}=29$

cのとき，$4+5+2\times3\times5=39$　dのとき，$4+5\times3+2\times5=29$

eのとき，$4+5\times3+2\div4\div\frac{1}{2}=20$　fのとき，$4+5\times3\div4+2\div\frac{1}{2}=11\frac{3}{4}$

gのとき，$4+5\times3\div4+2=9\frac{3}{4}$　hのとき，$4+5\times3+2\div\frac{1}{2}=23$

よって，求める数は56である。

【問題2】

(1)　家から図書館までの往復の移動にかかった時間は，10時37分－10時－13分＝24(分)

よって，家から図書館までの往復の道のりは $200\times24=4800$(m)だから，求める道のりは，$4800\div2=$**2400**(m)

⑵① 電動アシスト自転車の上りの速さは分速$\{200\times(1-\frac{20}{100})\}$m＝分速 160m，下りの速さは分速$\{200\times(1+\frac{20}{100})\}$m＝分速 240m である。

ヒカリさんの家からミヤコさんの家まで，行きは $4800\div160=30$(分)，帰りは $4800\div240=20$(分)かかるから，

求める時間は，15 時 43 分－13 時 5 分－30 分－20 分＝2時間 38 分－30 分－20 分＝158 分－30 分－20 分＝**108**(分間)

② **【解き方】ヒカリさんが出発してから忘れ物に気づいて家に戻るまでに，16－1＝15(分)かかった。**

ヒカリさんの家をＰ，ヒカリさんが忘れ物に気づいた位置をＱとすると，ＰＱ間の往復にかかった時間が 15 分となる。ＰＱ間の上りと下りでかかった時間の比は，速さの比である 160：240＝2：3の逆比の3：2となるから，ＰＱ間の上りでかかった時間は，$15\times\frac{3}{2+3}=9$(分)である。よって，求める距離(きょり)は，$160\times9=$**1440**(m)

【問題３】

⑴ 順にひろげていくと右のようになる。

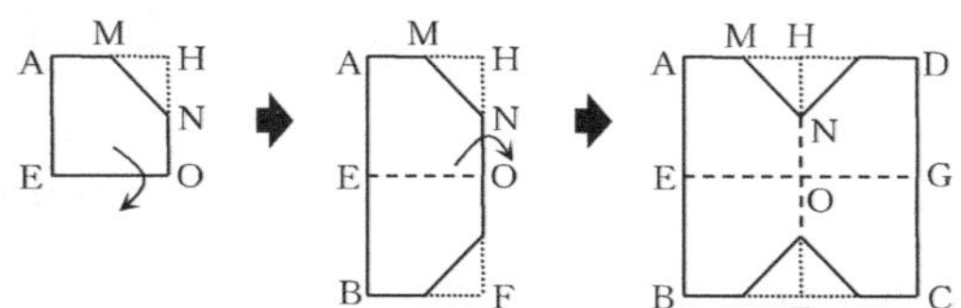

ＡＨ＝ＯＨ＝8÷2＝4(㎝)，ＡＭ＝ＯＮ＝4÷2＝2(㎝)なので，ひろげたときにできる図形は解答例のようになる。

⑵ **【解き方】紙は4枚重なっているので，切ってひろげる前の面積が 44÷4＝11(㎠)になればよい。正方形ＡＥＯＨの面積は 4×4＝16(㎠)だから，切り取った部分の面積が 16－11＝5(㎠)になるような切り方を考える。**

切り取った部分の図形が角Ｈ＝90°の直角三角形になるように切る場合，1辺の長さが3㎝になるように切ると，もう1辺の長さは $5\times2\div3=\frac{10}{3}=3\frac{1}{3}$(㎝)となる。

切り取った図形の辺の長さの組み合わせや切り取り方は他にもたくさんある。

社会分野

【問題１】

⑵ 1990 年代以降，中国の自動車産業は急速に発展し，自動車生産台数は 2006 年にはドイツを抜いて世界第3位，2008 年にはアメリカを抜いて第2位，2009 年には日本を抜いて第1位となり，以降，第1位を維持し，圧倒的に多い。Ｂが日本，Ｃがドイツである。

⑶ 中国の自動車産業が発展する以前は，長らく，自動車生産台数はアメリカ・日本・ドイツで第3位までを占めており，中国が第1位となった現在では，この3か国が第2～4位となっている。日本は第二次世界大戦時に日独伊三国同盟を結んでいた。

⑷ アとイは半導体などの軽量で高価なものが上位になっているので，空港である。ウは自動車関連の輸出品が多いので，自動車工業がさかんな中京工業地帯にある名古屋港であるため，残ったエが神戸港となる。神戸港は阪神工業地帯の輸出港であり，川崎重工業，三菱重工業，小松製作所などの工場でつくられた原動機や建設・鉱山用機械が多く輸出されている。

⑸ 渡来人によって須恵器の製法や漢字が伝えられ，6世紀には仏教や儒教なども伝えられた。

⑹ アが正しい。豊臣秀吉による朝鮮出兵の際に，朝鮮から連れてこられた陶工によって有田焼などがつくられるようになった。観阿弥・世阿弥が能を大成したのは室町時代，歌舞伎の上演や浮世絵は江戸時代の頃である。

⑺ 江戸時代の鎖国のもと，交易や交流の窓口となっていたのは，対馬―朝鮮，長崎―オランダ・中国，薩摩―琉球王国，松前―アイヌである。

【問題２】

(1) 2022年４月の輸出台数は109037台なので，109037×1000×125＝13629625000より，約136億円である。

(2) 例えば，日本で原価が１台110万円の車を輸出するとする。2021年４月は１ドル110円なので，アメリカでの販売価格は，10000ドルに利益分の1000ドルをたして11000ドル，2022年４月は１ドル125円なので，8800ドルに利益分の1000ドルをたして9800ドルとなる。円安になると，アメリカにとっては普段より安く買えることになるので，購買が促進され，輸出台数が多くなることが多い。また，1000ドル分の利益も，１ドル110円であれば11万円，１ドル125円であれば12万５千円となるので，日本の輸出企業にとっての利益も増えることになり，円安は輸出に有利にはたらくといえる。この問題では，2021年４月に比べ，2022年４月の輸出台数が減ってしまってはいるが，利益分を円に換算すると，結果として2021年４月より増益になっている。

《解答例》

理科分野【問題１】⑴右図　⑵Ｃはかん電池の数が最も多いので，かん電池が長持ちするから。　⑶発光ダイオードは点灯するときに熱がほとんど発生せず，少ない電気で発光させることができるから。

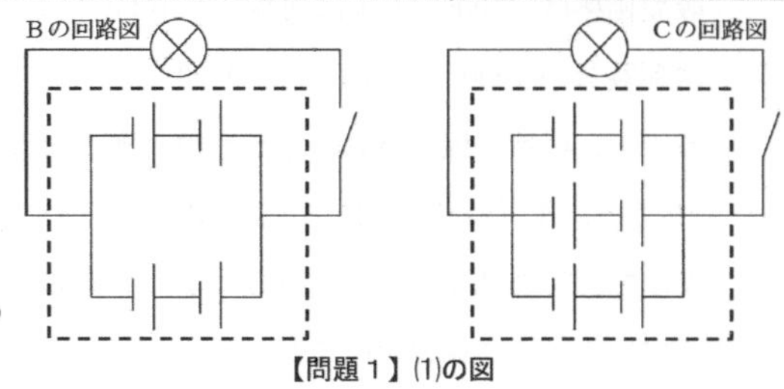

【問題１】⑴の図

【問題２】⑴結果…変化なし　水溶液…食塩水　⑵５つの水溶液を赤色リトマス紙につけると，青色に変化するのは重そう水とうすいアンモニア水である。次にこれらの水溶液を加熱して水を蒸発させると，重そう水は白い固体が残るが，アンモニア水は何も残らない。　⑶塩酸に加えてもあわが発生しない。／電気を流そうとしても流れない。／みがいても光沢が出ない。などから２つ　⑷①性質…アルカリ　名前…二酸化炭素　②使っていない部屋の電気を消す。／出すゴミの量を減らす。などから１つ

国語分野【問題一】【問題二】本文非公表のため、解答例は掲載しておりません。

《解　説》

理科分野

【問題１】

⑴　かん電池を直列つなぎにすると，豆電球は明るくなり，かん電池を並列つなぎにしても，豆電球の明るさは変わらない。よって，かん電池４個のＢの回路図では，かん電池２個を直列つなぎにしたものを２組並列につなぎ，かん電池６個のＣの回路図では，かん電池２個を直列つなぎにしたものを３組並列につなげばよい。

⑵　Ａ，Ｂ，Ｃの明るさは同じで，かん電池の数はＡが２個，Ｂが４個，Ｃが６個だから，かん電池の数が最も多いＣのかん電池がもっとも長持ちする。

⑶　発光している白熱電球は熱を発生しやすいので，さわると熱く感じるが，発光ダイオードは熱を発生しにくく，さわっても熱く感じない。また，発光ダイオードは白熱電球よりも長持ちすることも利点の１つである。

【問題２】

⑴　アルカリ性の水溶液(すいようえき)を赤色リトマス紙につけると青色に変化し，酸性の水溶液を青色リトマス紙につけると赤色に変化するので，Ａ，Ｄはアルカリ性の重そう水かアンモニア水，Ｃ，Ｅは酸性の炭酸水かうすい塩酸である。よって，Ｂは中性の食塩水である。中性の水溶液では，どちらのリトマス紙の色も変化しない。

⑵　⑴解説より，うすいアンモニア水はＡかＤである。加熱して水を蒸発させると，固体がとけている重そう水(炭酸水素ナトリウムの水溶液)は白い炭酸水素ナトリウムの固体が残るが，気体がとけているアンモニア水はアンモニアが水とともに出ていくので，後には何も残らない。

⑶　うすい塩酸にアルミニウムを加えると水素が発生し，あとに塩化アルミニウムという物質ができる。塩化アルミニウムはアルミニウムとはちがい，塩酸に入れてもあわが発生せず，電気を通さず，光沢はない。

⑷①　重そう(炭酸水素ナトリウム)の水溶液は弱いアルカリ性である。二酸化炭素は水にとけると酸性を示し，酸性とアルカリ性の水溶液を混ぜると互(たが)いの性質を打ち消し合う中和が起こるので，アルカリ性から，中性，酸性の順に少しずつ変化していったと考えられる。　②　二酸化炭素の排出(はいしゅつ)量を減らすような取り組みを考える。

★兵庫県立大学附属中学校　2022 令和4年度　適性検査Ⅰ

《解答例》

算数分野【問題１】⑴2022　⑵44

【問題２】⑴32　⑵31　⑶21　⑷41

【問題３】⑴８　⑵512　⑶32

社会分野【問題１】⑴1600 万　⑵エ　⑶東京都には多くの事業所・大学・短大があるので，周辺の県から通勤・通学する人が多いということがわかる。　⑷新型コロナウイルスの感染拡大によって，都内の経済活動が止まったり，都内の大学に通う生徒が減ったりしたため，転入者が減った。

【問題２】⑴元　⑵記号…エ　県名…福岡　⑶北条時宗　⑷日清　⑸記号…イ　理由…石炭輸送の距離が短く，鉄鉱石の輸送も船で下れば容易だから。

《解　説》

算数分野

【問題１】　【解き方】24 の約数は，{1，2，3，4，6，8，12，24} だから，★＝60

48 の約数は，{1，2，3，4，6，8，12，16，24，48} だから，☆＝124

60 の約数は，{1，2，3，4，5，6，10，12，15，20，30，60} だから，○＝168

⑴　与式＝$60\times\frac{1}{10}\times(336+1)=6\times337=2022$

⑵　○－☆＝168－124＝44

【問題２】

⑴　**【解き方】１辺が６mの正方形の面積から，１辺が２mの正方形の面積を引いて求める。**

６×６－２×２＝36－４＝32(㎡)

⑵　**【解き方】１秒後に２㎡，２秒後に３㎡，…と考えれば，ｎ秒後に(ｎ＋１)㎡を掃除することができる。**

ｎ＋１＝32 が成り立つから，ｎ＝32－１＝31 より，求める時間は，31 秒後である。

⑶　**【解き方】掃除ができている部分とできていない部分の面積の比の和の数の 11＋５＝16 が，フロア全体の面積に当たる。**

掃除ができている部分の面積は，$32\times\frac{11}{16}=22$(㎡)である。⑵をふまえると，ｎ＋１＝22 が成り立つ。

ｎ＝22－１＝21 より，求める時間は，21 秒後である。

⑷　**【解き方】同じ面積を毎秒１ｍと毎秒 60 ㎝の速さで掃除するときにかかる時間の比は，速さの逆比に等しく，0.6：１＝３：５である。**

毎秒１ｍの速さで 31－16＝15(秒間)掃除する部分を，毎秒 60 ㎝の速さで掃除すると，$15\times\frac{5}{3}=25$(秒)かかるから，求める時間は，16＋25＝41(秒後)

【問題３】

⑴　**【解き方】１列につなぐ立方体の個数によって分けて考える。**

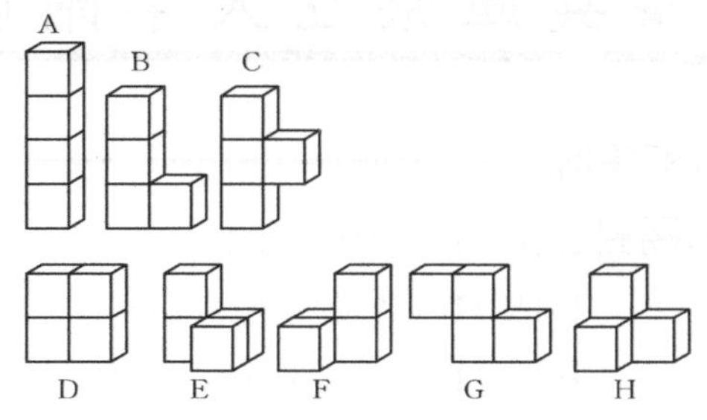

１列に４個をつなぐつなぎ方は右図Ａの１通りある。１列に３個をつなぐつなぎ方はＢとＣの２通りある。１列に２個をつないだ立方体を２組使ってつなぐつなぎ方はＤ～Ｇの４通りある。１列に２個をつなぎ，２個の立方体とつなぐつなぎ方はＨの１通りある。よって，Ａ～Ｈの８通りある。

⑵　**【解き方】立方体と立方体のつなぐ面が多くなるほど，表面積が小さくなり，ペンキ代が少なくなる。**

⑴のＡ～Ｇのうち，Ｄだけは４つの面でつながれ，Ｄ以外は３つの面でつながれているので，Ｄの表面積が最も小さい。１辺が４㎝の正方形の面積は４×４＝16(㎠)で，Ｄでは16個の正方形がぬられるから，

かかるペンキ代は，16×16×２＝512(円)

⑶　**【解き方】残った四角柱は右図のようになる。**

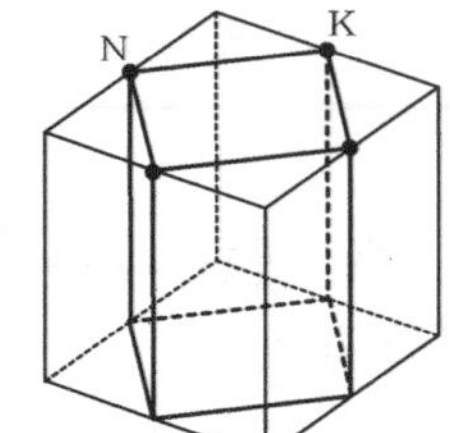

四角形ＫＬＭＮは，対角線の長さが４㎝の正方形になるから，面積は，４×４÷２＝８(㎠)

求める体積は，８×４＝32(㎤)

社会分野

【問題１】

⑴　グラフ１の単位が「万人」であることに注意する。

⑵　エが正しい。東京都の事業所数は，千葉県の 178295÷8830＝20.19…(倍)。　ア．神奈川県の昼間人口は約850万人なので，900万人をこえていない。　イ．夜間人口は，埼玉県が750万人，東京都の２分の１が1350÷２＝675(万人)なので，２分の１以上になる。　ウ．大学数は，東京都が137，他の３県が28＋27＋31＝86なので，東京都の方が多い。

⑶　グラフ１より，東京都では，昼間人口の方が夜間人口よりも200万人以上多いことがわかる。東京都周辺には，昼間は東京都で働いていたり学んだりして，夜間に家に帰ってきて生活する人々が多くいるため，郊外の多くの都市では夜間人口の方が昼間人口よりも多くなる。

⑷　グラフ２より，2019年から2020年にかけて転入者が大幅に減ったことがわかる。新型コロナウイルスの感染拡大によって，2020年４月に緊急事態宣言が出された。三密を避けるとともに活動自粛が求められ，テレワークの活用などの取り組みも率先して行われるようになったために転入者が減った。

【問題２】

⑴　元軍の１度目の襲来を文永の役，２度目の襲来を弘安の役といい，これら２つを合わせて元寇という。文永の役で火器や集団戦法に苦戦した鎌倉幕府は，北九州に石塁を築き２度目の襲来に備えた。

⑵　エの福岡県が正しい。石塁は御家人たちによって築かれた。アは神奈川県，イは愛知県，ウは兵庫県，オは長崎県。

⑶　鎌倉幕府８代執権北条時宗は，元による服属の要求をしりぞけた。そのために元軍は日本を襲来したが，いずれも暴風雨の影響などにより引き上げた。

⑷　日清戦争後の下関条約で得た賠償金の一部で八幡製鉄所が建設された。筑豊炭田から石炭を輸送しやすく，中国から鉄鉱石を輸入しやすいため，北九州につくられた。

⑸　鉄鋼の原料となる鉄鉱石や石炭の重量が重いことに着目する。輸送方法について，重量の重い石油・石炭といった原料や燃料などは船，小型・軽量で単価の高い半導体などの電子部品は航空機が利用されている。

《解答例》

理科分野【問題１】⑴ウ　⑵右図　理由…風通しがよく，地面からの照り返しのえいきょうを受けにくい場所であり，とびらを北に向けることで直射日光が入りにくくなるから。　⑶５　⑷22.5　⑸10.7

【問題２】⑴予想…燃える。　理由…白いけむりは，気体のろうが冷やされて液体や固体になったものだから。

⑵右図　⑶ア，イ，エ

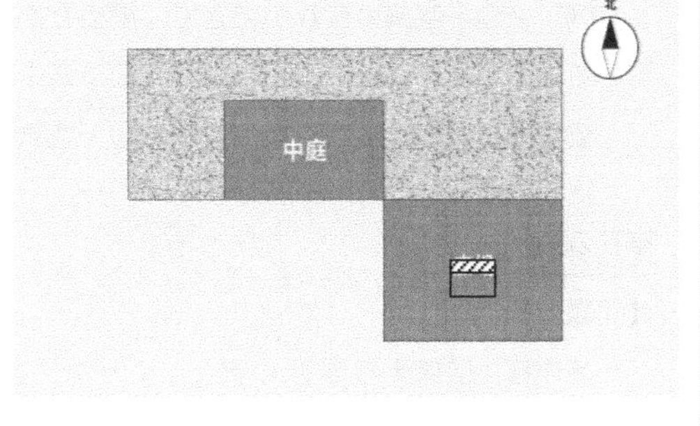

【問題１】⑵の図

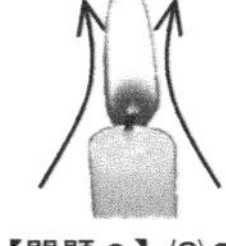

【問題２】⑵の図

国語分野【問題一】本文非掲載により省略

【問題二】〈作文のポイント〉

・最初に自分の主張、立場を明確に決め、その内容に沿って書いていく。

・わかりやすい表現を心がける。自信のない表現や漢字は使わない。

さらにくわしい作文の書き方・作文例はこちら！→

https://kyoei-syuppan.net/mobile/files/sakupo.html

《解　説》

理科分野

【問題１】

⑴　地面に近いところでは，地面の温度の影響(えいきょう)を受けやすい。地面から100㎝以上はなれると地面の温度の影響をほとんど受けなくなるので，ヒトの目線の高さを考えて地面から120㎝～150㎝の高さに設置している。

⑵　建物からはなれた風通しが良い場所で，地面からの照り返しが少ないしばふの上に設置する。また，観測するとき(とびらを開けるとき)に，直射日光が入らないようにとびらの向きは北向きにする。

⑶　１時間にたまった水の量の平均は196.25÷５＝39.25(㎤)である。容器の底面の半径が10÷２＝５(㎝)だから，その面積は５×５×3.14＝78.5(㎠)である。よって，１時間にたまった水の深さの平均は39.25÷78.5＝0.5(㎝)→５㎜である。

⑷　グラフから空気１㎥あたりの水蒸気の最大量が20ｇの温度を読み取ると約22.5℃である。空気１㎥あたりの水蒸気の最大量は温度が低くなるにつれて小さくなるから，22.5℃よりも低くなると，空気１㎥あたり20ｇの水蒸気をふくむことができなくなるということである。

⑸　10℃のとき，空気１㎥あたりの水蒸気の最大量は9.3ｇだから，空気１㎥あたり20－9.3＝10.7(ｇ)の水蒸気が水てきとなって出てくる。

【問題２】

⑴　ろうそくは，ろうそくのろうがとけて気体になったものに火がついて燃えている。ろうそくのしんの付近には，

気体になったろうがあり，それがガラス管を通って白いけむりとして出てくる。気体のろうは目に見えないが，ガラス管を通る間に冷やされて液体や固体になり，目に見える白いけむりになる。

⑵　燃えたあとのあたたかい空気は上に移動し，下から新しい空気が流れこんでくることで，ろうそくは燃え続ける。この空気の流れによって，ろうそくのほのおは縦にのびた形になる。

⑶　ア○…空気の流れができて，燃えたあとの空気と新しい空気が十分に入れかわらないと，ろうそくは燃え続けることができない。　イ○…ろうそくが十分に燃えないと，固体のろうをとかすのに十分な熱が発生せず，ろうの姿の変化が起こらなくなる。　エ○…空気の流れがないと，ほのお全体で新しい空気(酸素)が不足するので，場所による燃え方のちがいが生じない。

国語分野

【問題一】

著作権に関係する弊社(へいしゃ)の都合により本文を非掲載(ひけいさい)としておりますので、解説を省略させていただきます。ご不便をおかけし申し訳ございませんが、ご了承(りょうしょう)ください。

★兵庫県立大学附属中学校　2021 令和3年度　適性検査Ⅰ

《解答例》

算数【問題１】⑴ $4\frac{1}{5}$　⑵９

※【問題２】⑴1300　⑵54445

【問題３】⑴３，28　⑵16000

【問題４】⑴三角形ＯＡＢの面積…30　三角形ＯＥＦの面積…7.5　⑵25　※の途中の式は解説を参照してください。

社会【問題１】⑴ウ　⑵農家の高齢化が進み，減反政策もあって，作付面積が減少している中で，生産量を維持するために，農地を整備し，共同の農業しせつや機械を導入し，肥料や農薬を有効に使うことで，耕作時間を大幅に短縮し，単位面積あたりの生産量が高くなっている。

【問題２】⑴エ　⑵従来の所領の保護を受けたり，新たな土地の地頭に任じられたりすること。　⑶関東を中心とした鎌倉幕府の支配が，西日本にまで広まった。　⑷人物名…ペリー　条約名…日米和親条約

⑸記号…オ　都道府県名…神奈川県

《解　説》

算数

【問題１】

⑴　与式 $=\frac{26}{10}\div(\frac{28}{21}-\frac{15}{21})=\frac{13}{5}\div\frac{13}{21}=\frac{13}{5}\times\frac{21}{13}=\frac{21}{5}=4\frac{1}{5}$

⑵　与式より，$\square\times\frac{35}{9}\times\frac{12}{7}=60$　$\square\times\frac{20}{3}=60$　$\square=60\div\frac{20}{3}=60\times\frac{3}{20}=9$

【問題２】

⑴　与式＝25×（４×13）＝（25×４）×13＝100×13＝1300

⑵　与式＝（55－１）×555＋55×445＝55×555－１×555＋55×445＝55×（555＋445）－555＝55×1000－555＝55000－555＝54445

【問題３】

⑴　２人が歩き始めてからＡさんとＢさんが最初に出会うまでに，２人は合わせて520ｍ（池１周）歩いた。
２人の速さの和は分速（80＋70）ｍ＝分速150ｍだから，求める時間は，$520\div150=\frac{52}{15}=3\frac{7}{15}$（分），つまり，３分 $(60\times\frac{7}{15})$ 秒＝３分28秒である。

⑵　**【解き方】値段の１－0.2＝0.8で売ると3000円の利益があり，値段の１－0.35＝0.65で売ると600円の利益が出るのだから，値段の0.8－0.65＝0.15は3000－600＝2400（円）である。**

求める値段は，2400÷0.15＝16000（円）

【問題４】

⑴　**【解き方】高さの等しい三角形の面積の比は，底辺の長さの比に等しいことを利用して，（三角形ＡＢＣの面積）→（三角形ＯＡＢの面積）→（三角形ＯＥＣの面積）→（三角形ＯＥＦの面積），の順に求める。**

三角形ＡＢＣは正方形ＡＢＣＤを対角線で分けた三角形のうちの１つなので，面積は120÷２＝60（㎠）

三角形ＡＢＣと三角形ＯＡＢは，底辺をそれぞれＡＣ，ＡＯとすると高さが等しいから，面積の比は，ＡＣ：ＡＯ＝２：１となる。よって，三角形ＯＡＢの面積は，（三角形ＡＢＣの面積）$\times\frac{1}{2}=60\times\frac{1}{2}=30$（㎠）

同様にして三角形ＯＢＣの面積は30㎠である。

（三角形ＯＢＣの面積）：（三角形ＯＥＣの面積）＝ＢＣ：ＥＣ＝２：１だから，三角形ＯＥＣの面積は，（三角形ＯＢＣの面積）$\times\frac{1}{2}=30\times\frac{1}{2}=15$（㎠）

(三角形ＯＥＣの面積)：(三角形ＯＥＦの面積)＝ＯＣ：ＯＦ＝２：１だから，三角形ＯＥＦの面積は，
(三角形ＯＥＣの面積)×$\frac{1}{2}$＝15×$\frac{1}{2}$＝7.5(㎠)

⑵　**【解き方】右図のように正六角形は対角線によって，６つの合同な正三角形にわけることができる。**

(四角形ＯＣＱＰの面積)＝(三角形ＯＣＥの面積)－(三角形ＥＰＱの面積)で求める。

６つの正三角形の面積は，180÷６＝30(㎠)だから，三角形ＯＤＥの面積は30㎠である。

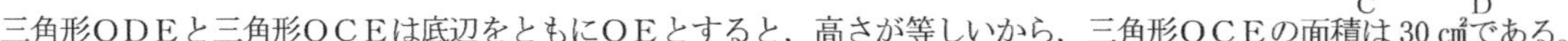

三角形ＯＤＥと三角形ＯＣＥは底辺をともにＯＥとすると，高さが等しいから，三角形ＯＣＥの面積は30㎠である。
(三角形ＯＤＥの面積)：(三角形ＰＤＥの面積)＝ＯＥ：ＰＥ＝２：１だから，三角形ＰＤＥの面積は，
(三角形ＯＤＥの面積)×$\frac{1}{2}$＝30×$\frac{1}{2}$＝15(㎠)
(三角形ＰＤＥの面積)：(三角形ＥＰＱの面積)＝ＰＤ：ＰＱなので，ＰＤ：ＰＱを求める。
ＯＥとＣＤは平行なので，三角形ＥＰＱと三角形ＣＤＱは同じ形の三角形であり，ＰＱ：ＤＱ＝ＰＥ：ＤＣ＝１：２だから，ＰＤ：ＰＱ＝(１＋２)：１＝３：１である。
よって，三角形ＥＰＱの面積は，(三角形ＰＤＥの面積)×$\frac{1}{3}$＝15×$\frac{1}{3}$＝５(㎠)
したがって，四角形ＯＣＱＰの面積は，30－５＝25(㎠)

社会

【問題１】

⑴　ウが正しい。にわとりの産出額は，兵庫県が1634×0.19＝310.46(億円)，全国が92742×0.1＝9274.2(億円)。全国のにわとりの産出額の３％は9274.2×0.03＝278.226(億円)だから，兵庫県のにわとりの産出額の方が高くなる。
ア．兵庫県の田の面積は 74200×0.91＝67522(ha)だから，65000ha 以上である。　イ．兵庫県の畑と田の産出額は不明だから，１ha 当たりの産出額はわからない。また，野菜を畑でとれる農作物としても，田の１ha あたりの産出額は(1634×0.31)÷(74200×0.91)＝75.0…(万円)，畑の１ha あたりの産出額は(1634×0.23)÷(74200×0.06)＝844(万円)だから，畑の方が多い。　エ．兵庫県の農産物の産出額の割合は 31＋23＋２＋５＝61(％)だから，兵庫県の農産物の産出額は1634×0.61＝996.74(億円)で，1000億円未満である。

⑵　表１より，農機具の費用は３分の１以下に減った一方，共同の農業しせつや機械などにかかる費用は８倍に増えていることを読み取り，グラフ１で田植えや稲刈り・脱穀にかかる耕作時間が激減したことと結びつける。そうすれば，高価な農機具などを農家で共同購入・利用することで，効率のよい米づくりが可能となったことが導ける。グラフ２とグラフ３より，米の作付面積が減少し続けている一方，10ａあたりの米の生産量が増加傾向にあることを読み取り，表１で肥料費や農薬費が大幅に増えたことと結びつける。そうすれば，土じょうの改良を進めて，単位あたりの生産量を増やしていることが導ける。

【問題２】

⑴　承久の乱の時の北条政子の言葉だから，エを選ぶ。1221年，源氏の将軍が３代で途絶えたのをきっかけに，後鳥羽上皇が鎌倉幕府打倒をかかげて挙兵した。鎌倉幕府方は，北条政子の呼びかけのもと，これを打ち破った(承久の乱)。関ヶ原の戦いは，徳川家康を中心とする東軍と石田三成を中心とする西軍の戦い。壇ノ浦の戦いは，平氏を滅亡させた源氏・平氏の最後の戦い。応仁の乱は，室町幕府８代将軍足利義政のあとつぎ争いに細川勝元と山名持豊の幕府内での勢力争いが複雑にからみあって起こった。

⑵　鎌倉幕府は，土地を仲立ちとした御恩と奉公による主従関係(封建制度)で支えられ，将軍は，御恩として御家人の以前からの領地を保護したり，新たな領地を与えたりして，御家人は，奉公として京都や幕府の警備につき命をかけて戦った。

⑶　承久の乱後，西日本に新たな地頭が多く置かれたことを読み取る。承久の乱後，鎌倉幕府は西国の武士や朝廷の

監視を目的に京都に六波羅探題を置き，西国の地頭に関東の御家人を任命した。恩賞地を与えられた多数の御家人が西国に移住した結果，幕府の支配は九州～関東に及んだ。

(4) ペリーの率いた軍艦は蒸気機関の煙を出していたことなどから「黒船」と呼ばれた。1854 年の日米和親条約では，函館(箱館)・下田の２港，1858 年の日米修好通商条約では，神奈川(横浜)・函館(箱館)・長崎・新潟・兵庫(神戸)の５港が開かれた。

(5) 鎌倉と浦賀のある神奈川県のオを選ぶ。アは兵庫県，イは京都府，ウは愛知県，エは静岡県，カは東京都。

《解答例》

理科【問題】⑴①太陽の光を反射しているから。　②76.9　⑵①２枚の光電池を直列につなぐ。　②導線のつなぐ向きを逆向きにすると，電流が逆向きに流れる。／光の強さが強いほど，電流が大きくなる。　⑶①二酸化炭素が減ったため。　②C　③ア．呼吸　イ．デンプン　⑷[必要なもの／得るための方法]　[電気／光電池を太陽の光がよく当たるところに設置する。]，[酸素／植物を太陽の光がよく当たるところで育てる。]

国語【問題一】本文非掲載により省略

【問題二】グラフ非掲載により省略

《解　説》

理科

（１）

①　国際宇宙ステーションは，月やわく星と同じように，太陽の光を反射して光って見える。

②　国際宇宙ステーションは１時間→60 分→3600 秒で 27700 kmを進むので，10 秒間では $27700\times\frac{10}{3600}=76.94\cdots\to76.9$ kmとなる。

（２）

①　２枚の光電池を直列につなぐと，回路を流れる電流はそれぞれの光電池が流そうとする電流の合計になる（１つの光電池が流そうとする電流の２倍になる）が，２枚の光電池を並列につなぐと，回路を流れる電流はそれぞれの光電池が流そうとする電流と等しくなる。

②　導線のつなぐ向きを逆向きにするとモーターが逆回転し，回る速さは変わらないので，導線をつなぐ向きを逆向きにすると電流の向きが逆になることがわかる。また，光の強さが強いほど，モーターが速く回るので，流れる電流が大きくなることがわかる。

（３）

①　ＢＴＢ液は酸性で黄色，中性で緑色，アルカリ性で青色に変化する。また，二酸化炭素は水にとけると酸性を示す。実験１では，息をふきこんで青色のＢＴＢ液を緑色にしたので，息にふくまれる二酸化炭素によってアルカリ性から中性に変化したと考えられる。実験３の結果では，Ａの色が青色にもどったので，二酸化炭素が減ってアルカリ性にもどったと考えられる。

②　水草のはたらきについて調べるには，水草の条件だけがことなるＡとＣの結果を比べる。

③ア　植物も動物と同様に取り入れた酸素を使って栄養分を分解し，生きるためのエネルギーを得ている。このはたらきを呼吸といい，このとき発生する二酸化炭素はからだの外に出される。　**イ**　ヨウ素液はデンプンに反応して青むらさき色に変化する。実験４の結果から，Ａでは，葉でデンプンがつくられたことがわかる。

（４）

ここまでの問題の内容から，人類が火星でも生きることができるようにするために必要なものの１つは電気である。電気は光電池に太陽の光が強く当たることで，多く得ることができる。また，もう１つ必要なものは酸素である。酸素は植物の光合成によってつくられる気体だから，光合成が盛んに行われるように，太陽の光が強く当たるところで植物を育てればよい。

★兵庫県立大学附属中学校　2020（令和2）年度　適性検査Ⅰ

《解答例》

算数【問題１】(1)①108.79　②$\frac{4}{35}$　③$14\frac{2}{3}$　(2)$1\frac{1}{2}$

【問題２】(1)21800　(2)13.8　(3)120

【問題３】(1)27　(2)157

社会【問題１】(1)ア．織田信長　イ．源義経　ウ．聖武天皇　エ．北条時宗　オ．本居宣長　(2)ウ→イ→エ→ア→オ

(3)［府県名／番号］　①［京都府／６］　②［山口県／１］　③［三重県／８］

【問題２】(1)記号…ア　理由…冬の降水量が多いから。　(2)ウ　(3)日本人の米の消費量が減るにつれて，温暖な気候を利用した野菜の生産がさかんになり，冷蔵技術と道路網の発達で新鮮な野菜を自動車で大消費地に出荷するようになった。

《解　説》

算数　【問題１】　Aは，３＋５＝８より，左から入る２つの数字を足している。Bは，５－３＝２より，左から入る２つの数字について，上の数字から下の数字をひいている。Cは，６－10÷２＝１より，左から入る３つの数字について，一番上の数字から真ん中の数字と一番下の数字の商をひいている。

(1)①　9.89＋98.9＝108.79

②　$0.4-\frac{2}{7}=\frac{2}{5}-\frac{2}{7}=\frac{14}{35}-\frac{10}{35}=\frac{4}{35}$

③　$16-8\div6=16-\frac{8}{6}=\frac{48}{3}-\frac{4}{3}=\frac{44}{3}=14\frac{2}{3}$

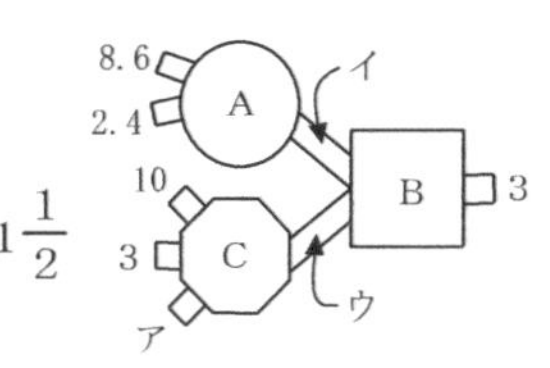

(2)　右図について，イの部分には，8.6＋2.4＝11が入る。ウの部分に入る数を□とすると，11－□＝３　□＝11－３＝８　よって，ウの部分には８が入る。

アに入れる数を△をすると，10－３÷△＝８　３÷△＝10－８　△＝３÷２＝$\frac{3}{2}=1\frac{1}{2}$

したがって，アに入れる数は$1\frac{1}{2}$である。

【問題２】(1)　動物園に行く人と植物園に行く人の合計は64＋58＝122(人)である。参加を申し込んだのは96人だから，両方に行く人は122－96＝26(人)いる。よって，一方だけに行く人は96－26＝70(人)いるので，求める金額は，300×26＋200×70＝21800(円)である。

(2)　最初の３km＝3000m進むのにかかった時間は3000÷250＝12(分)，残りの4.6－３＝1.6(km)，つまり，1600m進むのにかかった時間は1600÷200＝８(分)である。よって，Aさんは自宅から公園までの4.6kmを，12＋８＝20(分)，つまり，$\frac{20}{60}$時間＝$\frac{1}{3}$時間で進んだので，求める速さは，時速$(4.6\div\frac{1}{3})$km＝時速13.8kmである。

(3)　２日目の後に残ったページのうち，$\frac{5}{9}$読んだ残りの$1-\frac{5}{9}=\frac{4}{9}$が24ページだから，２日目の後に残ったページは$24\div\frac{4}{9}=54$(ページ)である。１日目の後に残ったページのうち，$\frac{2}{5}$読んだ残りの$1-\frac{2}{5}=\frac{3}{5}$が54ページだから，１日目の後に残ったページは$54\div\frac{3}{5}=90$(ページ)である。よって，１日目の後に残ったページは本のページ数の$1-\frac{1}{4}=\frac{3}{4}$だから，この本のページ数は$90\div\frac{3}{4}=120$(ページ)である。

【問題３】(1)　たてが６cm，横が８cmの長方形の面積から，色のついていない部分の面積をひいて求める。

色のついていない部分は３つの三角形であり，底辺をそれぞれ2.7cm，3.5cm，0.8cmの辺とすると，高さがすべて６cmとなる。よって，求める面積は，６×８－(2.7×６÷２＋3.5×６÷２＋0.8×６÷２)＝48－(2.7＋3.5＋0.8)×６÷２＝48－７×６÷２＝48－21＝27(cm²)である。

(2) 右図のように記号をおく。ＡＣ＝ＡＯ×２＝20(cm)，ＢＣ＝ＢＰ×２＝10(cm)なので，半円Ｑの直径は20＋10＝30(cm)，半径は30÷２＝15(cm)である。
よって，求める面積は，半径が15cmの半円の面積から，半径が10cmの半円の面積と半径が５cmの半円の面積をひけばよいので，15×15×3.14÷２－10×10×3.14÷２－５×５×3.14÷２＝(15×15－10×10－５×５)×3.14÷２＝100×3.14÷２＝157(cm²)である。

社会 **【問題１】(1)ア** 織田信長は，鉄砲を用いて勝利した長篠の戦いや，安土城下に出した楽市・楽座令でも知られる。信長の天下統一事業は叶わなかったが，信長の後継者である羽柴(豊臣)秀吉が明智光秀を滅ぼし，その後秀吉によって天下統一事業が完成された。　**イ** 源義経は，鎌倉幕府初代将軍源頼朝の異母弟である。父である源義朝は1159年の平治の乱で平清盛に滅ぼされたため，1185年の壇ノ浦の戦いで義経は父の敵を討ったと言える。
ウ 聖武天皇の治世のころ，全国的な伝染病の流行やききんが起きて災いが続いたので，聖武天皇と妻の光明皇后は仏教の力で国家を守るため，国ごとに国分寺や国分尼寺を，都には総国分寺として東大寺を建て，大仏を造らせた。
エ 鎌倉幕府８代執権北条時宗が元による服属の要求を無視すると，元軍は２度にわたり北九州を襲ったが，いずれも暴風雨の影響などにより損害を受けて引きあげた。元軍による２度の襲来を合わせて「元寇」と呼ぶ。
オ 本居宣長は，『古事記伝』を書き，国学(仏教や儒学が伝わる以前の日本人の考え方を探る学問)を大成した。
(2) ウ．奈良時代→イ．平安時代→エ．鎌倉時代→ア．安土桃山時代→オ．江戸時代　**(3)①** 本能寺の変は京都府でおこなわれたから，６を選ぶ。　**②** 壇ノ浦の戦いは山口県下関市の関門海峡でおこなわれたから，１を選ぶ。
③ 松阪市は三重県にあるから，８を選ぶ。２は愛媛県，３は広島県，４は香川県，５は兵庫県，７は奈良県である。

【問題２】(1) ア．北西季節風が日本海をわたるときに，暖流の対馬海流上空で蒸発した水分を大量に含むため，日本海側の鳥取県では冬の降水量が多くなる(右図参照)。イは瀬戸内地方，ウは太平洋側の地域の気温と降水量をあらわす。　**(2)** Ｄの愛媛県ではみかんの生産が盛んだから，ウと判断する。アはＥの高知県，イはＢの香川県，エはＣの徳島県である。高知県では，冬でも暖かい気候を利用してなすやピーマンを栽培する促成栽培(高い値段で商品を売るために，農作物の生長を早めて出荷時期をずらす栽培方法)が盛んである。　**(3)** 真ん中の資料から，日本人の米の消費量が減り続けていることがわかる。左の資料から，促成栽培((2)の解説参照)によって野菜の生産額が急速に増えていることがわかる。右の資料から，本州四国連絡橋の開通によって輸送にかかる時間が短くなり，四国から本州へ新鮮なうちに野菜を出荷できるようになったことがわかる。

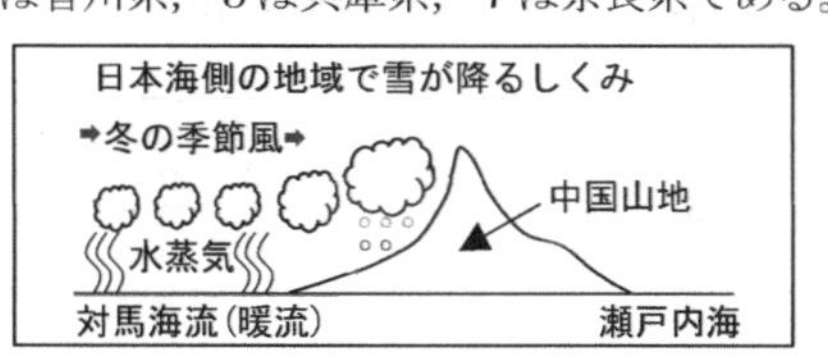

★兵庫県立大学附属中学校　2020 令和2年度　適性検査Ⅱ

《解答例》

理科【問題１】⑴いん石がしょうとつしてできた。　⑵ウが適する理由…太陽光が横から当たり，正面のくぼみが立体的に見えるから。　アが適さない理由…太陽光が当たっている部分が地球の反対側を向いているから。
オが適さない理由…太陽光が正面から当たり，くぼみが立体的に見えにくいから。　⑶⑤　⑷水素が燃えるのを助ける性質。　⑸地球から月までのきょりは常に一定ではなく，地球から月までのきょりが近いときほど月が大きく見えるから。

【問題２】⑴①メスシリンダー　②水平　③真横　⑵19.2　⑶①45.9　②水よう液を加熱して，水を蒸発させる。

国語【問題一】本文非掲載により省略

【問題二】（例文）

60 歳以上を除くすべての年代で、本来の意味を選んだ人の割合よりも、あやまった意味を選んだ人の割合が多いことが読み取れた。

本来の意味とあやまった意味が正反対の内容を導くため、コミュニケーションをとる際に大きな誤解を生む危険がある。これだけ多くの人があやまった意味で使っているので、このままいくと、将来的にあやまった意味のほうが定着する可能性はある。しかし、今はまだ、本来の意味をきちんと理解し、誤解を生まないように使うべきだと考える。困っている人がいれば助け、自分が困った時にはだれかに助けてもらう。そのように、おたがいに助け合う気持ちがこめられている本来の意味での使い方を、私は大切にしていきたい。

《解　説》

理科　**【問題１】⑴**　円形のくぼみをクレーターという。月には大気がないことなどにより，クレーターが残りやすい。
⑵　アは新月（光っている部分が見えない），ウは半月（上弦の月），オは満月である。クレーターに対して光が横から当たると，影になる部分ができ，立体的に見える。　**⑶**　⑤○…図より，ウは，太陽が西にある夕方の位置で南の空に見え，夜の位置で西の地平線にしずむ。その後，約12時間後の昼の位置で東の地平線からのぼってくるので，午前５時頃には地平線の下にあり，見ることができない。　**⑷**　ものが燃えるには酸素が必要であり，水素は酸素と混ぜることで，爆発するように燃える。宇宙には空気（酸素）が存在しないので，ロケットの燃料として，水素を燃やすための酸素が必要である。

【問題２】⑵　水にミョウバンをとかすことのできる量は水の量に比例するから，40℃の水100ｇでつくったミョウバンをこれ以上とかすことのできない水よう液と比べる。ミョウバンは40℃の水100ｇに23.8ｇまでとけるから，100＋23.8＝123.8（ｇ）の水よう液に23.8ｇのミョウバンが含まれている。したがって，100ｇの水よう液では，ミョウバンが$23.8\times\frac{100}{123.8}=19.22\cdots\rightarrow19.2$ｇ含まれている。　**⑶①**　水100ｇにミョウバンは，60℃で57.3ｇ，20℃で11.4ｇまでとけるから，60℃から20℃にしたときに出てくるミョウバンの重さは57.3－11.4＝45.9（ｇ）である。食塩とミョウバンを同じ水にとかすとき，どちらも表の量までとかすことができる。　**②**　⑵解説のとおり，水に食塩やミョウバンをとかすことのできる量は水の量に比例するから，水の量が少なくなれば，とけきれなくなった食塩やミョウバンが出てくる。とくに，食塩のように，水の温度によって水100ｇにとかすことのできる量があまり変化しないものを取り出すときに有効である。

《解答例》

適性検査Ⅰ

1　【問題１】(1) $6\frac{2}{3}$　(2) 7　(3) $\frac{1}{4}+\frac{1}{\boxed{8}}=\frac{13}{24}-\frac{1}{\boxed{6}}$　〔別解〕$\frac{1}{4}+\frac{1}{\boxed{6}}=\frac{13}{24}-\frac{1}{\boxed{8}}$

(4)右筆算

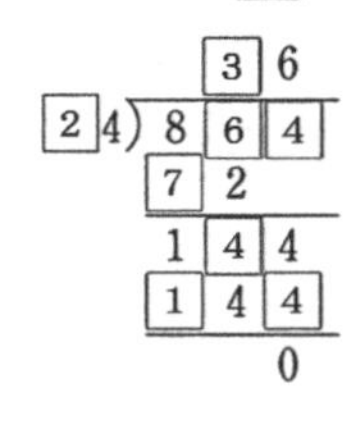

【問題２】右グラフ

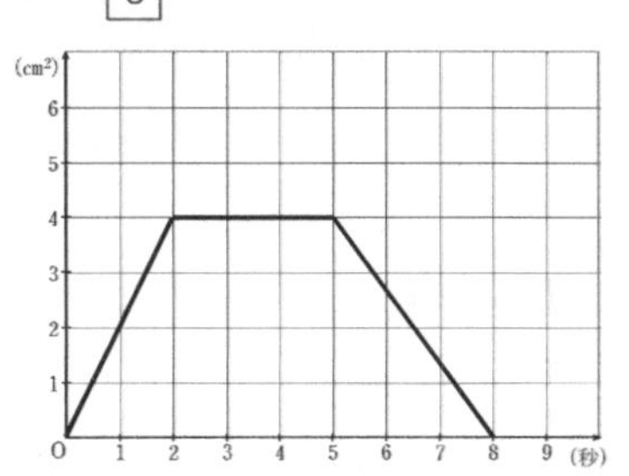

【問題３】※(1)時速 90 km　※(2)126 km

(3)式…$y=90\times x$　関係…比例　※(4)秒速 25m

※(5) 1 分 30 秒後

※の式は解説を参照してください。

2　【問題１】イ，エ

【問題２】空気でっぽう／ポット／タイヤ／ボール／きりふき などから３つ

【問題３】①押し縮められて　②一気に元に戻ろうとした　③外に出される水の勢い

【問題４】①酸素　②血液　③二酸化炭素　④水蒸気

【問題５】２枚のポリエチレンのふくろを用意し，一方には，周りの空気を入れ，もう一方には，息をふきこむ。それぞれに少量の石灰水を入れてよくふると，周りの空気を入れた方は変化しないが，息をふきこんだ方は白くにごる。

【問題６】表面積を大きくし，効率よく気体の交かんを行うため。

適性検査Ⅱ

1　【問題１】(1)人物名…平清盛　読みがな…たいらのきよもり　(2)摂政や太政大臣の地位を手に入れ，政治を思うままにあやつれる道長の満ちたりた思い。　(3)自分の娘を天皇にとつがせ，生まれてきた男子を天皇に立て，自分が天皇の外せきとして実権をにぎる方法。

【問題２】(1)紀伊　(2)大津市　(3)②記号…ア　府県名…三重県　③記号…ウ　府県名…和歌山県

(4)人物名…伊藤博文　読みがな…いとうひろぶみ

【問題３】働く人の数が減り，高齢者の割合が高くなっている点。

2　【問題一】本文非掲載により省略

【問題二】(例文)

入院したＡさんに千羽づるをおくることになった。クラスでつるを折ったのだが、私は折るのがおそく、作った数が少なかった。家に帰って母に話すと、「大切なのは、どれだけたくさん折ったかではなく、どれだけ心をこめたかだよ。」と言われた。この言葉が心に残っている。クラス内は、折ったつるの数を競うような空気になっていた。私はつるを折りながら、病気とたたかうＡさんの気持ちを考え、早く良くなるよう祈っていた。母の言葉を聞いて、それで良かったのだとはげまされ、勇気という力をもらった。今後、何かの作業をする時に、量や速さだけを気にするのではなく、目的に応じて過程を大事にするよう、この力を生かしていこうと思う。

《解　説》

適性検査Ⅰ

1 **【問題１】**(1)　与式$=\frac{2}{10}\div\frac{3}{100}=\frac{2}{10}\times\frac{100}{3}=\frac{20}{3}=6\frac{2}{3}$

(2)　与式より，17×□=357−238　　□=119÷17=7

(3)　$\frac{1}{4}$+[ア]=$\frac{13}{24}$−[イ]とする。分母がわかっている２つの分数を通分すると，$\frac{6}{24}$+[ア]=$\frac{13}{24}$−[イ]となる。

右の辺の計算結果は，$\frac{13}{24}$より小さくなるとわかるから，[ア]は，$\frac{13}{24}-\frac{6}{24}=\frac{7}{24}$より小さいとわかる。

したがって，[ア]に入る数として考えられるのは，$\frac{1}{24}$，$\frac{2}{24}=\frac{1}{12}$，$\frac{3}{24}=\frac{1}{8}$，$\frac{4}{24}=\frac{1}{6}$，$\frac{5}{24}$，$\frac{6}{24}=\frac{1}{4}$があり，[ア]の分母は１けたの整数，分子は１だから，$\frac{1}{8}$，$\frac{1}{6}$，$\frac{1}{4}$のどれかである。

[ア]$=\frac{1}{8}$とすると，$\frac{1}{4}+\frac{1}{8}=\frac{13}{24}$−[イ]となり，[イ]$=\frac{13}{24}-\frac{9}{24}=\frac{4}{24}=\frac{1}{6}$である。このとき，[イ]の分母は１けたの整数で，分子は１だから条件に合う。よって，$\frac{1}{4}+\frac{1}{8}=\frac{13}{24}-\frac{1}{6}$である。

また，[ア]$=\frac{1}{6}$とすると，$\frac{1}{4}+\frac{1}{6}=\frac{13}{24}$−[イ]となり，[イ]$=\frac{3}{24}=\frac{1}{8}$だから，条件に合う。よって，$\frac{1}{4}+\frac{1}{6}=\frac{13}{24}-\frac{1}{8}$である。

[ア]$=\frac{1}{4}$とすると，　$\frac{1}{4}+\frac{1}{4}=\frac{13}{24}$−[イ]となり，[イ]$=\frac{1}{24}$で，分母が２けたの整数となるので条件に合わない。

(4)　右のように記号をおく。

```
            [カ] 6
[キ]4 ) 8 [ク][ケ]   Ⓐ
        [コ] 2
         1 [サ] 4    Ⓑ
        [シ] 4 [ス]
               0
```

Ⓑの部分について，１[サ]４−[シ]４[ス]=０だから，[サ]=４，[シ]=１，[ス]=４とわかる。

Ⓐの部分について，[ケ]をそのままおろした数字が４とわかるから，[ケ]=４とわかる。

また，８[ク]−[コ]２=14で，[ク]が２より小さい０または１であるとき，十の位からくり下げることになるが，このとき答えの一の位が４にならない。したがって，[ク]=２+４=６，[コ]=８−１=７となる。

筆算より，[キ]４×６=[シ]４[ス]，つまり[キ]４×６=144とわかるから，[キ]４=144÷６=24となり，[キ]=２

よって，[キ]４×[カ]=[コ]２，つまり24×[カ]=72となり，[カ]=72÷24=３

【問題２】　三角形ＡＰＤの底辺をＡＤとすると，点Ｐが移動している間，ＡＤはつねに一定だから，高さによって面積は変化する。

点Ｐが点Ａを出発して点Ｂに着くまで，三角形ＡＰＤの高さはＡＰの長さに等しく一定の速さで長くなるので，三角形ＡＰＤの面積は一定の割合で増え，グラフは直線となる。点Ｐが点Ａを出発するとき（０秒後）の，三角形ＡＰＤの面積は０㎠であり，点Ｐが点Ｂに着く４÷２=２（秒後）の三角形ＡＰＤの面積は，三角形ＡＢＤの面積に等しく，２×４÷２=４（㎠）だから，（０秒後，０㎠）と（２秒後，４㎠）を直線で結べばよい。

点Ｐが点Ｂを通ってから点Ｃに着くまで，三角形ＡＰＤの高さはＡＢの長さに等しく一定だから，三角形ＡＰＤの面積は４㎠で変化しない。点Ｐが点Ｃに着くのは，（４+６）÷２=５（秒後）だから，（２秒後，４㎠）と（５秒後，４㎠）を直線で結べばよい。

点Ｐが点Ｃを通ってから点Ｄに着くまで，三角形ＡＰＤの高さは一定の速さで短くなるので，三角形ＡＰＤの面積も一定の割合で減り，グラフは直線となる。点Ｐが点Ｄに着くのは，（４+６+６）÷２=８（秒後）で，このときの三角形ＡＰＤの面積は０㎠だから，（５秒後，４㎠）と（８秒後，０㎠）を直線で結べばよい。

【問題３】(1)　（速さ）=（道のり）÷（時間）だから，列車Ａの速さは，時速（270÷３）km=時速90kmである。

(2)　１時間24分$=1\frac{24}{60}$時間$=\frac{7}{5}$時間だから，列車Ａは１時間24分で，$90\times\frac{7}{5}=126$（km）進む。

(3)　（道のり）=（速さ）×（時間）だから，$y=90\times x$

xが２倍，３倍，…となると，yも２倍，３倍，…となるから，xとyは比例している。

(4)　時速 90 km＝時速(90×1000) m＝分速$\frac{90\times1000}{60}$m＝秒速$\frac{90\times1000}{60\times60}$m＝秒速 25m

(5)　列車Aが列車Bを追いぬくとき，列車Aの先頭と列車Bの先頭が進んだ道のりの差は，列車Aと列車Bの長さの和に等しく，125＋100＝225(m)である(右図参照)。

列車Aの速さは，秒速 25m，列車Bの速さは，時速 81 km＝秒速$\frac{81\times1000}{60\times60}$m＝秒速 22.5mだから，

列車Aと列車Bの速さの差は，秒速(25－22.5) m＝秒速 2.5mである。

よって，求める時間は，225÷2.5＝90(秒後)，90÷60＝1余り 30 より，1分 30 秒後である。

2　【問題1】　空気は押し縮めると体積が小さくなるが，水は力を加えても体積が変化しない。力を加えたとき，押し縮められた空気は元に戻ろうとするので，押し返される力を感じる。

【問題2】　空気でっぽうは押し縮められた筒の中の空気の力を利用して前玉を飛ばす道具，ポットやきりふきは，押し縮められた容器の中の空気の力で水を押し出す道具，タイヤやボールは，押し縮められた空気に外から力が加わったとき，空気が押し返すことで，衝撃を吸収したり，大きくはずんだりする道具である。

【問題3】　ペットボトルロケットでは，押し縮められた空気の力によって押し出された水の力を利用して，前に飛ばす力を得る。空気が少なすぎると，押し縮められる力が小さくなって飛びにくくなり，水が少なすぎると，押し出される水の力が弱くなって飛びにくくなる。

【問題4】　肺では酸素が血液中に取り入れられ，二酸化炭素が血液中から出される。また，はき出した息には，二酸化炭素の他に水蒸気も多くふくまれている。これは，冬にはく息にふくまれる水蒸気が水てきに変化して白く見えることからもわかる。

【問題5】　はき出す息と吸いこむ空気を比べるので，他の条件を同じにして，この条件だけが異なる実験にする。はき出す息には二酸化炭素が多くふくまれることを確かめるために，石灰水や気体検知管などを用いる。

【問題6】　肺ほうと同様に表面積が大きくなっているつくりには，小腸のじゅう毛やじん臓，植物の根の根毛などがある。特に小腸のじゅう毛は栄養分を効率よく吸収するためのつくりとして出題されることが多いので，合わせて覚えておこう。

適性検査Ⅱ

1　【問題1】(1)　平清盛は，一族の者を朝廷の高い位につけ，自らは太政大臣の地位に就いて政治の実権をにぎった。また，大輪田泊(おおわだのとまり)(神戸の港)を整備し，厳島神社に海路の安全を祈願して，日宋貿易を進めた。

(2)　「望月」とは満月のこと。和歌には，自分の娘が立后(りっこう)したことを喜んだ道長の満ち足りた様子が詠まれている。藤原道長は 10 世紀末～11 世紀初めの藤原氏の摂関政治(娘を天皇のきさきとし，生まれた子を次の天皇に立て，自らは天皇の外戚として摂政や関白となって実権をにぎる政治)が全盛だった頃の摂政であった。

(3)　資料1より，平清盛が娘の徳子を高倉天皇にとつがせ，その子を安徳天皇としたことを読み取り，資料2で，藤原道長が娘の威子を後一条天皇にとつがせたことと関連付けよう。

【問題2】　地図中の①は滋賀県，②は三重県，③は和歌山県，④は兵庫県。

(3)②　三重県は畜産と漁業の生産額が高いアと判断する。三重県ではイワシやカツオなどの漁かく量が特に多い。

③　和歌山県はみかん・うめ・かきの生産がさかんなので，果実の生産額が高いウと判断する。

(4)　伊藤博文は初代兵庫県知事を務めた後に初代内閣総理大臣となった。また，伊藤博文が岩倉使節団の一員として欧米を回ったことや，君主権の強いプロイセン(ドイツ)の憲法を学んで帰国した後，大日本帝国憲法の制定に力をつくしたことも覚えておこう。

【問題3】資料より，日本の農業と漁業で働く人の数が減り続けている一方で，働く人の高齢化が進んでいることから，若者の農業離れが進んでいることがわかる。

《解答例》

1 ※【問題１】(1)49.5　(2)900　(3)$\frac{5}{21}$　(4)32.97

【問題２】(1)点D，点F　※(2)20 cm²　※(3)140 cm³　※(4)126 cm³　※(5)6.3 cm

2 【問題１】(1)ちっ素　(2)気体名…二酸化炭素　確かめる方法と結果…びんの中に石灰水を入れてふると，白くにごる。　(3)消えた順番…A→C→B→D　理由…ろうそくを燃やしたあとの空気はあたたかく軽いため，上にたまっていく。このため，ほのおがふたに近いところにあるろうそくほど早く火が消えるから。

【問題２】(1)川を流れてくる間に，川底や他の粒などとぶつかって角がとれたから。　(2)イ，ウ

(3)　2.

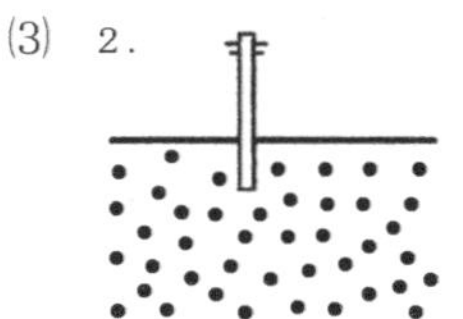

2．地震が起きると地面の中がかき混ぜられて，砂どうしのつながりが弱くなる。

3.

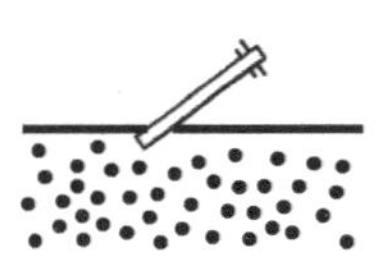

3．ゆれがおさまると，水より重い砂は下にしずみ，水が上にしみ出して，土地がしずむ。

3 【問題１】オ

【問題２】人物名…織田信長　読みがな…おだのぶなが

【問題３】命令…刀狩令　人物名…豊臣秀吉　読みがな…とよとみひでよし

【問題４】農民と武士の身分の区別がはっきりした。

【問題５】日本でも産業革命が始まったことで，綿花を輸入して，綿糸や綿製品を輸出するようになった。

4 【問題１】南北に長いから。／標高差が大きいから。／森林が多いから。／まわりが海で囲まれているから。／降水量が多いから。／四季があるから。 などから４つ以上

【問題２】[生物多様性を守る取り組み／具体的な効果]

[森林のばっ採を制限する／森林に生息する生物の絶滅を防ぐことができる]，[二酸化炭素のはい出量を減らす／地球温暖化を防ぐことができる]，[工場や車からのはい出ガスを減らす／酸性雨による被害を減らすことができる]，[外来種のしん入を防ぐ／その地域の生態系を守ることができる] などから３つ

※の求める式は解説を参照してください。

《解　説》

1 【問題１】(1)　(　)を使った式の計算のきまりを使うと，与式＝(１＋２＋３＋４＋５＋６＋７＋８＋９)×1.1＝45×1.1＝49.5 または，たし算の計算のきまりを使うと，与式＝(1.1＋9.9)＋(2.2＋8.8)＋(3.3＋7.7)＋(4.4＋6.6)＋5.5＝11＋11＋11＋11＋5.5＝11×４＋5.5＝44＋5.5＝49.5

(2)　かけ算の計算のきまりを使うと，与式＝５×５×６×６＝５×６×５×６＝30×30＝900

(3)　(　)を使った式の計算のきまりを使うと，与式＝$(\frac{5}{6}-\frac{9}{14})\times\frac{5}{4}=(\frac{35}{42}-\frac{27}{42})\times\frac{5}{4}=\frac{8}{42}\times\frac{5}{4}=\frac{5}{21}$

(4)　(　)を使った式の計算のきまりを使うと，与式＝0.73×10×3.14＋2.7×3.14＋５×0.1×3.14＝7.3×3.14＋2.7×3.14＋0.5×3.14＝(7.3＋2.7＋0.5)×3.14＝10.5×3.14＝32.97

【問題２】⑴　展開図を山折りで組み立てると右図Ⅰのような四角柱になるため，求める点は，点Ｄと点Ｆである。

⑵　アの面は台形である。台形の面積は，{(上底＋下底)}×(高さ)÷２で求められるから，求める面積は，(３＋７)×４÷２＝20(㎠)

⑶　⑵をふまえる。底面を面アとすると，立体の高さは７㎝だから，立体の体積は，20×７＝140(㎤)

⑷　右図Ⅱはイの面を底面として置いたものであり，図のように記号をおく。この立体の体積から，水が入っていない部分の容積を引くと，水の体積が求められる。水が入っていない部分の容積は，底面が三角形ＰＱＲで高さが７㎝の三角柱の体積と等しい。ＰＲ＝７－５＝２(㎝)であり，三角形ＰＱＲは直角二等辺三角形だから，ＱＲ＝ＰＲ＝２㎝なので，三角形ＰＱＲの面積は，

２×２÷２＝２(㎠)

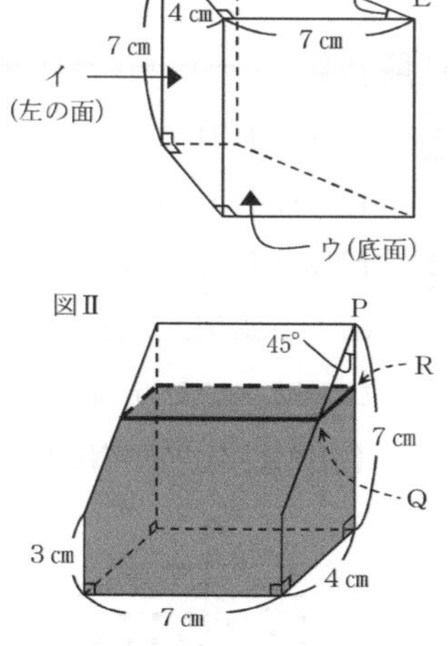

よって，水が入っていない部分の容積は２×７＝14(㎤)なので，水の体積は，140－14＝126(㎤)

⑸　ウの面とアの面は合同だから，⑴よりウの面積は20㎠である。よって，求める高さは，126÷20＝6.3(㎝)

2　**【問題１】**⑴　空気に一番多くふくまれている気体はちっ素，二番目に多くふくまれている気体は酸素，三番目に多くふくまれている気体はアルゴンで，その他に二酸化炭素などがふくまれている。　⑵　ろうそくが燃えるとき，酸素が使われて二酸化炭素が発生する。二酸化炭素を石灰水に通すと石灰水が白くにごることを利用して，二酸化炭素が発生したことを確かめることができる。ろうそくを燃やす前の空気にふくまれている二酸化炭素では石灰水が変化しないことを確かめるために，ろうそくを燃やす前のびんの中に石灰水を入れてふり，石灰水が変化しないことを確かめておくとよい。なお，ろうそくの火が消えるまで十分に燃やしたとしても，びんの中の二酸化炭素の割合が酸素の割合より大きくなることはない。

【問題２】⑵　ア．断層は砂の層の上にあるどろの層にも見られるので，れきの層→砂の層→どろの層と積み重なったあと地震(じしん)が起きたと考えられる。イ．れきの層や砂の層の上面のようすから，断層ができたときにはどろの層でも段差ができているはずだが，図ではそれが見られないので，断層ができたあと，地層が陸上にあらわれ，表面がけずられて段差がなくなったと考えられる。ウ．砂の層には海に生息していたアンモナイトの化石が見られるので，砂の層は海の底で積み重なったと考えられる。エ．火山が噴火(ふんか)すると火山灰の層が積み重なる。火山灰の層には断層が見られないので，断層ができて火山灰の層の下のどろの層がけずられて段差がなくなったあと，火山の噴火があったと考えられる。したがって，イとウが正答となる。　⑶　地下から水がしみ出して地層が液体状になることを液状化(現象)といい，土地がしずむことを地盤沈下(じばんちんか)という。

3 【問題１】 オ．新幹線は，姫路駅を出発してから名古屋駅に着くまでに，兵庫県→大阪府→京都府→滋賀県→岐阜県→愛知県の順に通る。

【問題２】 織田信長は，安土城下で商工業の活性化をはかるため，楽市・楽座令を出して営業を独占していた座を廃止させ，商人や職人が自由に商売することができるようにした。

【問題３】【問題４】 農民から刀などの武器を取り上げる刀狩は，方広寺の大仏をつくるための釘にするという名目のもと，豊臣秀吉が進めた。百姓は，「刀狩」によって武器を使って戦うことができなくなったため，武士との身分がはっきりと区別されるようになった(兵農分離)。

【問題５】 1885 年の輸入品であった綿糸が，③のグラフで 1899 年には輸出額が輸入額を上回っていることに着目しよう。④は大阪の紡績工場の写真で，1880 年代後半に急速に発展した紡績業の様子がうかがえる。大規模な紡績工場が多く作られ，蒸気の力で動く機械で生産力を上げ，軽工業を中心に日本でも産業革命が進んだ。

4 【問題１】 生物によって生息するのに適した環境が異なっている。日本には，生物が生きていく上で必要不可欠な水が多くあり，温暖な地域や寒冷な地域など，さまざまな環境が存在するので，生物多様性に富んでいる。

【問題２】 魚の乱かくや森林ばっ採などのように，直接，生物の絶滅につながるような活動は生物多様性を失う原因になる。それ以外でも，地球の環境問題の多くが，生物多様性を失う原因になっている。

《解答例》

1 【問題１】※(1)兄…分速 225m　弟…分速 75m　(2)675m　※(3)15 分 45 秒後

※【問題２】(1)225 円　(2)23　(3)10325 円

2 【問題１】(1)下図のうち１つ　(2)部屋の中に日光が当たらなくなるから。／蒸散によって植物が水蒸気を出すときに周囲の熱をうばうから。

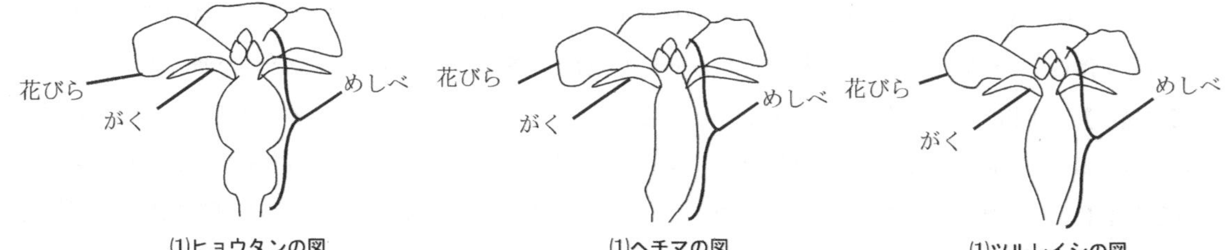

(1)ヒョウタンの図　(1)ヘチマの図　(1)ツルレイシの図

【問題２】※(1)20ｇ　(2)棒Ａの長さ…８㎝　棒Ｃの長さ…10.5㎝

【問題３】体積が小さい順…Ｃ→Ｂ→Ａ

理由…冷やしたときに，空気は水よりも体積が小さくなる割合が大きく，空気の量は多い順にＣ，Ｂ，Ａになっているから。

3 【問題１】時代名…奈良時代

聖武天皇…奈良に東大寺，国ごとに国分寺を建てた。／東大寺に大仏を造立した。／寺院や僧侶に，仏教で国家を守ることを義務付けた。などから２つ

行基…各地に橋や用水池をつくりながら布教した。

鑑真…唐から日本に渡り，正式な戒律を授け，唐招提寺を開いた。

【問題２】建物名…正倉院　共通点…インド，西アジア，唐，朝鮮など外国の文化の影響を受けている点。

【問題３】シルクロードを通じて東西の交流がさかんだったため，中国に，西アジアやインドの人や物が入ってきた日本から送られた遣唐使が，中国や朝鮮だけでなく，西アジアやインドの影響を受けた文化や物を日本に持ち帰った

4 【問題１】津波を防ぐために，海岸に防潮堤をつくる。／被災者の生活を守るために，あらかじめ避難場所を確保する。／土砂災害を防ぐために，砂防ダムを建設する。／がけくずれを防ぐために，急傾斜地をコンクリートでかためる。／地震災害から守るために，学校などの公共施設を耐震化する。

【問題２】掲示板をつくり，そこに情報をのせる。／お年寄りに肩たたきやハンドケアをしながら，話し相手になる／配給や運搬の手伝いをする。／小さな子どもと遊んだり勉強を教えたりする。／困っている人がいないかを見回って，困っている人の相談にのる。／グループを作って，清掃を当番制で行う。

※の式や式の説明や求め方は解説を参照してください。

《解　説》

1 【問題１】(1)　グラフから，兄は８分で郵便局までの 1800mを進んだから，1800÷８＝225 より，兄の自転車の速さは分速 225mである。また，弟は郵便局に着くまでに 27 分かかっているが，このうち３分間は休けいしていたので，弟の歩く速さで休まずに 1800mを歩くと，27－３＝24(分)かかるとわかる。したがって，1800÷24＝75 より，弟の歩く速さは分速 75mである。

(2)　(1)で弟の歩く速さは分速 75mとわかったから，求める距離は，75×９＝675(m)

(3)　兄が郵便局を出発するのは家を出てから８＋４＝12(分後)であり，これは弟が休けいを終える時間と同じである。したがって，兄と弟は，1800－675＝1125(m)離れた状態から向かい合って進むことになる。このとき，２人は１分間に 225＋75＝300(m)の割合で近づくから，出会うまでに 1125÷300＝3.75(分)かかる。１分は 60 秒だから，0.75 分は 60×0.75＝45(秒)なので，求める時間は，

12 分後＋３分 45 秒＝15 分 45 秒後

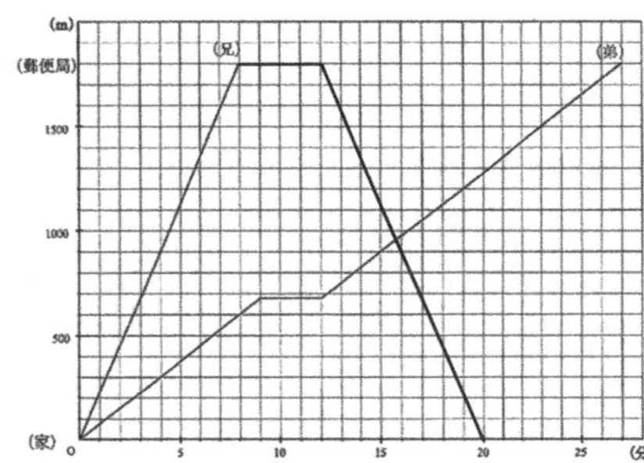

【問題２】(1)　ＢからＣまでの距離は 16－７＝９(km)だから，おとな１人の運賃は，25×９＝225(円)

(2)　ＡとＢで乗車した人数の合計と，ＢとＣで下車した人数の合計は等しい。下車した人数の合計は８＋28＝36(人)であり，このうち 13 人はＢで乗車した人だから，Ａで乗車した人数は 36－13＝23(人)である。

(3)　利用した区間ごとに，利用者数，おとな１人の運賃，運賃の合計の順で調べる。

・ＡからＢまで利用した人数は，Ｂで下車した人数に等しく８人であり，おとな１人の運賃は 25×７＝175(円)だから，この区間を利用した乗客の運賃の合計は，175×８＝1400(円)

・ＡからＣまで利用した人数は，Ａで乗車した人数とＢで下車した人数の差に等しく 23－８＝15(人)であり，おとな１人の運賃は 25×16＝400(円)だから，この区間を利用した乗客の運賃の合計は，400×15＝6000(円)

・ＢからＣまで利用した人数は，Ｂで乗車した人数に等しく 13 人であり，おとな１人の運賃は 225 円だから，この区間を利用した乗客の運賃の合計は，225×13＝2925(円)

よって，すべての利用者の運賃の合計は，1400＋6000＋2925＝10325(円)

2 【問題１】(1)　ヒョウタン，ヘチマ，ツルレイシはウリ科の植物である。ウリ科の植物はおばなとめばなをさかせる。めばなにはめしべ，花びら，がくがありおしべはない。ヒョウタン，ヘチマ，ツルレイシは実の形がそれぞれちがうので，それぞれの形の実になる部分を，めしべの根元の実ができるところにかく。

(2)　植物をカーテンのように窓の外に植えることで，直射日光が部屋の中に入るのを防ぐことができる。また，蒸散によって，植物の気孔から水蒸気の形で水を放出するときに周りから熱をうばうので，周囲の気温を下げる効果がある。なお，このように窓の外に植えられた植物を緑のカーテンという。

【問題２】⑴　アの重さを考えるときは，棒Ｂでのつり合いを考える。てこでは，左右にかたむけるはたらきを〔おもりの重さ×支点からの距離〕で表すことができ，左右のかたむけるはたらきが等しくなるときにつり合う。したがって，アの重さを□ｇとすると，10×５＝□×2.5より，□＝20(ｇ)となる。

⑵　棒Ａで支点から棒の右はしまでの長さを□㎝とすると，30×２＝10×□より，□＝６(㎝)となる。したがって，棒Ａの長さは２＋６＝８(㎝)となる。また，棒Ｃの両はしにはそれぞれ下にあるすべてのおもりの重さがかかるので棒Ｃの左はしには10ｇとおもりアの重さの和である10＋20＝30(ｇ)，棒Ｃの右はしには30＋10＝40(ｇ)の重さがかかる。棒Ｃの支点から棒の右はしまでの長さを○㎝とすると，30×６＝40×○より，○＝4.5(㎝)となる。したがって，棒Ｃの長さは６＋4.5＝10.5(㎝)となる。

【問題３】　空気と水の量のちがいに着目する。温度が下がるとき，空気は水よりも体積が小さくなりやすいので，最も空気が多いＣのペットボトルの中の体積が最も小さくなり，次にＢの体積が小さくなる。したがって，体積が小さい順にＣ→Ｂ→Ａとなる。温度変化によって空気などの気体の体積が最も変化しやすく，次に変化しやすいのが水などの液体で，最も変化しにくいのが金属などの固体である。なお，お風呂の中でへこんだピンポン玉のへこみがなくなるのは，ピンポン玉の中の空気があたためられて体積が大きくなるからである。

3 【問題１】　唐の皇帝にならって，聖武天皇は仏教の力で国家を守ろうとした。仏教によって国家を安定させるといった考えを鎮護国家という。行基は，仏教を朝廷の認めた機関以外が民衆に直接布教することを禁じられていた時代に，寺院，ため池，橋などの建設といった社会事業を各地で成し遂げ，民衆に広く受け入れられた。弾圧された期間もあったが，聖武天皇の要請によって大仏造立に尽力し，その結果，朝廷から大僧正の位を授けられた。鑑真は，遣唐使に請われて何度も航海に失敗しながらついに来日を果たし，正式な僧になるために必要な戒律(修行者が守るべき生活上のルール)を授けるための戒壇を東大寺に設けた。奈良時代に設けられた天下三戒壇として，東大寺(奈良県)・観世音寺(福岡県)・下野薬師寺(栃木県)がある。

【問題２】　東大寺の正倉院に納められた美術工芸品は，唐や新羅だけでなく，シルクロードを通って伝わった，インドや西アジアなどの文化の影響が見られる。例えば，螺鈿紫檀五弦琵琶には，ナツメヤシの木，ラクダ，ペルシャ人を表す飾りが施されている。

【問題３】　遣唐使によってもたらされた美術工芸品は，東大寺の正倉院に納められたため，東大寺正倉院は，シルクロードの終着点と言われている。

4 【問題１】　防災に対する備えを考えよう。災害には，津波，地震，台風，洪水，土砂崩れなどさまざまなものがある。それらから身を守るための備えとして，防潮堤，避難所，砂防ダム，耐震工事などがある。解答例以外にも，「津波・高潮・洪水から身を守るために，命山と呼ばれる高台をつくる」などでもよい。

【問題２】　阪神大震災，新潟中越地震，東日本大震災，熊本地震をはじめ2017年７月にも福岡県朝倉市を中心とした九州豪雨による被害が発生した。災害は他人事ではなく，いつ自分の身に降り掛かってくるかもわからない。そのためにも，災害に対する考えをしっかりと持っておくことが必要である。防災の考えに，自助，共助，公助がある。今回の問題は，そのうちの共助についてである。

災害から身を守るための避難所生活は，長い期間に渡ったり，プライバシーが守られなかったりする場合が多い。小学生が避難所でできることは限られている。しかし，小学生だからこそできることがあるはずである。小学生のパワーは，ふさぎがちなお年寄りを元気にさせる活力となるかもしれない。解答例以外にも，共助の例を考えてみよう。

■ ご使用にあたってのお願い・ご注意

（1）問題文等の非掲載

著作権上の都合により，問題文や図表などの一部を掲載できない場合があります。

誠に申し訳ございませんが，ご了承くださいますようお願いいたします。

（2）過去問における時事性

過去問題集は，学習指導要領の改訂や社会状況の変化，新たな発見などにより，現在とは異なる表記や解説になっている場合があります。過去問の特性上，出題当時のままで出版していますので，あらかじめご了承ください。

（3）配点

学校等から配点が公表されている場合は，記載しています。公表されていない場合は，記載していません。

独自の予想配点は，出題者の意図と異なる場合があり，お客様が学習するうえで誤った判断をしてしまう恐れがあるため記載していません。

（4）無断複製等の禁止

購入された個人のお客様が，ご家庭でご自身またはご家族の学習のためにコピーをすることは可能ですが，それ以外の目的でコピー，スキャン，転載（ブログ，ＳＮＳなどでの公開を含みます）などをすることは法律により禁止されています。学校や学習塾などで，児童生徒のためにコピーをして使用することも法律により禁止されています。

ご不明な点や，違法な疑いのある行為を確認された場合は，弊社までご連絡ください。

（5）けがに注意

この問題集は針を外して使用します。針を外すときは，けがをしないように注意してください。また，表紙カバーや問題用紙の端で手指を傷つけないように十分注意してください。

（6）正誤

制作には万全を期しておりますが，万が一誤りなどがございましたら，弊社までご連絡ください。

なお，誤りが判明した場合は，弊社ウェブサイトの「ご購入者様のページ」に掲載しておりますので，そちらもご確認ください。

■ お問い合わせ

解答例，解説，印刷，製本など，問題集発行におけるすべての責任は弊社にあります。

ご不明な点がございましたら，弊社ウェブサイトの「お問い合わせ」フォームよりご連絡ください。迅速に対応いたしますが，営業日の都合で回答に数日を要する場合があります。

ご入力いただいたメールアドレス宛に自動返信メールをお送りしています。自動返信メールが届かない場合は，「よくある質問」の「メールの問い合わせに対し返信がありません。」の項目をご確認ください。

また弊社営業日（平日）は，午前９時から午後５時まで，電話でのお問い合わせも受け付けています。

2025 春

株式会社教英出版
〒422-8054　静岡県静岡市駿河区南安倍３丁目 12-28
TEL　054-288-2131　　FAX　054-288-2133
URL　https://kyoei-syuppan.net/
MAIL siteform@kyoei-syuppan.net

教英出版の親子で取りくむシリーズ

公立中高一貫校とは？適性検査とは？
受検を考えはじめた親子のための
最初の１冊！

「概要編」では公立中高一貫校の仕組みや適性検査の特徴をわかりやすく説明し，「例題編」では実際の適性検査の中から，よく出題されるパターンの問題を厳選して紹介しています。実際の問題紙面も掲載しているので受検を身近に感じることができます。

- 公立中高一貫校を知ろう！
- 適性検査を知ろう！
- 教科的な問題〈適性検査ってこんな感じ〉
- 実技的な問題〈さらにはこんな問題も！〉
- おさえておきたいキーワード

定価：1,078円(本体980+税)

適性検査の作文問題にも対応！
「書けない」を「書けた！」に
導く合格レッスン

「実力養成レッスン」では，作文の技術や素材の見つけ方，書き方や教え方を対話形式でわかりやすく解説。実際の入試作文をもとに，とり外して使える解答用紙に書き込んでレッスンをします。赤ペンの添削例や，「添削チェックシート」を参考にすれば，お子さんが書いた作文をていねいに添削することができます。

- レッスン１ 作文の基本と，書くための準備
- レッスン２ さまざまなテーマの入試作文
- レッスン３ 長文の内容をふまえて書く入試作文
- 実力だめし！入試作文
- 別冊「添削チェックシート・解答用紙」付き

定価：1,155円(本体1,050+税)

絶賛販売中！

詳しくは教英出版で検索

教英出版 ［検索］

URL https://kyoei-syuppan.net/

教英出版　2025年春受験用　中学入試問題集

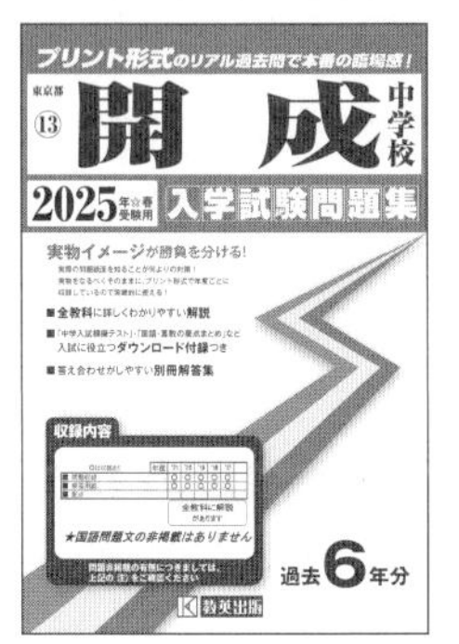

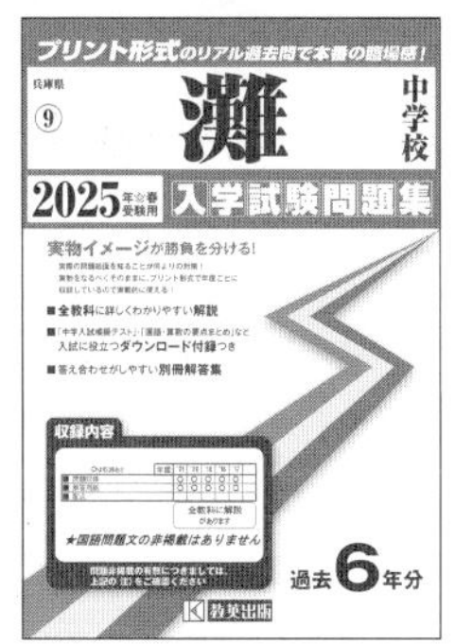

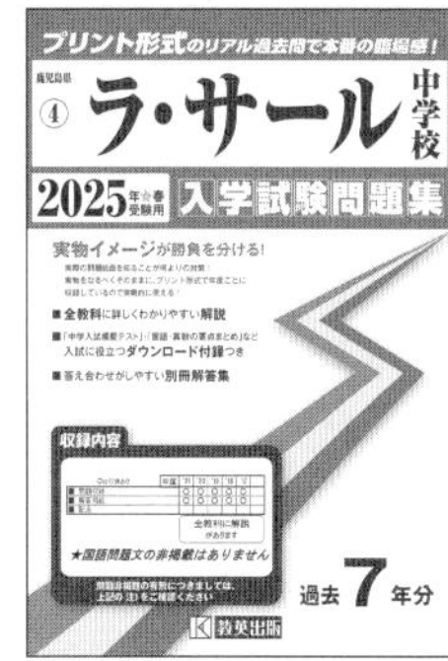

学校別問題集

✿はカラー問題対応

北海道

①[市立]札幌開成中等教育学校
②藤女子中学校
③北嶺中学校
④北星学園女子中学校
⑤札幌大谷中学校
⑥札幌光星中学校
⑦立命館慶祥中学校
⑧函館ラ・サール中学校

青森県

①[県立]三本木高等学校附属中学校

岩手県

①[県立]一関第一高等学校附属中学校

宮城県

①[県立]宮城県古川黎明中学校
②[県立]宮城県仙台二華中学校
③[市立]仙台青陵中等教育学校
④東北学院中学校
⑤仙台白百合学園中学校
⑥聖ウルスラ学院英智中学校
⑦宮城学院中学校
⑧秀光中学校
⑨古川学園中学校

秋田県

①[県立]
- 大館国際情報学院中学校
- 秋田南高等学校中等部
- 横手清陵学院中学校

山形県

①[県立]
- 東桜学館中学校
- 致道館中学校

福島県

①[県立]
- 会津学鳳中学校
- ふたば未来学園中学校

茨城県

①[県立]
- 日立第一高等学校附属中学校
- 太田第一高等学校附属中学校
- 水戸第一高等学校附属中学校
- 鉾田第一高等学校附属中学校
- 鹿島高等学校附属中学校
- 土浦第一高等学校附属中学校
- 竜ヶ崎第一高等学校附属中学校
- 下館第一高等学校附属中学校
- 下妻第一高等学校附属中学校
- 水海道第一高等学校附属中学校
- 勝田中等教育学校
- 並木中等教育学校
- 古河中等教育学校

栃木県

①[県立]
- 宇都宮東高等学校附属中学校
- 佐野高等学校附属中学校
- 矢板東高等学校附属中学校

群馬県

①
- [県立]中央中等教育学校
- [市立]四ツ葉学園中等教育学校
- [市立]太田中学校

埼玉県

①[県立]伊奈学園中学校
②[市立]浦和中学校
③[市立]大宮国際中等教育学校
④[市立]川口市立高等学校附属中学校

千葉県

①[県立]
- 千葉中学校
- 東葛飾中学校

②[市立]稲毛国際中等教育学校

東京都

①[国立]筑波大学附属駒場中学校
②[都立]白鷗高等学校附属中学校
③[都立]桜修館中等教育学校
④[都立]小石川中等教育学校
⑤[都立]両国高等学校附属中学校
⑥[都立]立川国際中等教育学校
⑦[都立]武蔵高等学校附属中学校
⑧[都立]大泉高等学校附属中学校
⑨[都立]富士高等学校附属中学校
⑩[都立]三鷹中等教育学校
⑪[都立]南多摩中等教育学校
⑫[区立]九段中等教育学校
⑬開成中学校
⑭麻布中学校
⑮桜蔭中学校
⑯女子学院中学校
✿⑰豊島岡女子学園中学校
⑱東京都市大学等々力中学校
⑲世田谷学園中学校
✿⑳広尾学園中学校(第2回)
✿㉑広尾学園中学校(医進・サイエンス回)
㉒渋谷教育学園渋谷中学校(第1回)
㉓渋谷教育学園渋谷中学校(第2回)
㉔東京農業大学第一高等学校中等部(2月1日 午後)
㉕東京農業大学第一高等学校中等部(2月2日 午後)

神奈川県

① [県立] 相模原中等教育学校 / 平塚中等教育学校
② [市立] 南高等学校附属中学校
③ [市立] 横浜サイエンスフロンティア高等学校附属中学校
④ [市立] 川崎高等学校附属中学校
✿⑤聖光学院中学校
✿⑥浅野中学校
⑦洗足学園中学校
⑧法政大学第二中学校
⑨逗子開成中学校（1次）
⑩逗子開成中学校（2·3次）
⑪神奈川大学附属中学校（第1回）
⑫神奈川大学附属中学校（第2·3回）
⑬栄光学園中学校
⑭フェリス女学院中学校

新潟県

① [県立] 村上中等教育学校 / 柏崎翔洋中等教育学校 / 燕中等教育学校 / 津南中等教育学校 / 直江津中等教育学校 / 佐渡中等教育学校
② [市立] 高志中等教育学校
③新潟第一中学校
④新潟明訓中学校

石川県

① [県立] 金沢錦丘中学校
②星稜中学校

福井県

① [県立] 高志中学校

山梨県

①山梨英和中学校
②山梨学院中学校
③駿台甲府中学校

長野県

① [県立] 屋代高等学校附属中学校 / 諏訪清陵高等学校附属中学校
② [市立] 長野中学校

岐阜県

①岐阜東中学校
②鶯谷中学校
③岐阜聖徳学園大学附属中学校

静岡県

① [国立] 静岡大学教育学部附属中学校（静岡·島田·浜松）
② [県立] 清水南高等学校中等部 / [県立] 浜松西高等学校中等部 / [市立] 沼津高等学校中等部
③不二聖心女子学院中学校
④日本大学三島中学校
⑤加藤学園暁秀中学校
⑥星陵中学校
⑦東海大学付属静岡翔洋高等学校中等部
⑧静岡サレジオ中学校
⑨静岡英和女学院中学校
⑩静岡雙葉中学校
⑪静岡聖光学院中学校
⑫静岡学園中学校
⑬静岡大成中学校
⑭城南静岡中学校
⑮静岡北中学校
⑯常葉大学附属常葉中学校 / 常葉大学附属橘中学校 / 常葉大学附属菊川中学校
⑰藤枝明誠中学校
⑱浜松開誠館中学校
⑲静岡県西遠女子学園中学校
⑳浜松日体中学校
㉑浜松学芸中学校

愛知県

① [国立] 愛知教育大学附属名古屋中学校
②愛知淑徳中学校
③名古屋経済大学市邨中学校 / 名古屋経済大学高蔵中学校
④金城学院中学校
⑤椙山女学園中学校
⑥東海中学校
⑦南山中学校男子部
⑧南山中学校女子部
⑨聖霊中学校
⑩滝中学校
⑪名古屋中学校
⑫大成中学校
⑬愛知中学校
⑭星城中学校
⑮名古屋葵大学中学校（名古屋女子大学中学校）
⑯愛知工業大学名電中学校
⑰海陽中等教育学校（特別給費生）
⑱海陽中等教育学校（I·II）
⑲中部大学春日丘中学校
新刊⑳名古屋国際中学校

三重県

① [国立] 三重大学教育学部附属中学校
②暁中学校
③海星中学校
④四日市メリノール学院中学校
⑤高田中学校
⑥セントヨゼフ女子学園中学校
⑦三重中学校
⑧皇學館中学校
⑨鈴鹿中等教育学校
⑩津田学園中学校

滋賀県

① [国立] 滋賀大学教育学部附属中学校
② [県立] 河瀬中学校 / 守山中学校 / 水口東中学校

京都府

① [国立] 京都教育大学附属桃山中学校
② [府立] 洛北高等学校附属中学校
③ [府立] 園部高等学校附属中学校
④ [府立] 福知山高等学校附属中学校
⑤ [府立] 南陽高等学校附属中学校
⑥ [市立] 西京高等学校附属中学校
⑦同志社中学校
⑧洛星中学校
⑨洛南高等学校附属中学校
⑩立命館中学校
⑪同志社国際中学校
⑫同志社女子中学校（前期日程）
⑬同志社女子中学校（後期日程）

大阪府

① [国立] 大阪教育大学附属天王寺中学校
② [国立] 大阪教育大学附属平野中学校
③ [国立] 大阪教育大学附属池田中学校

④[府立]富田林中学校
⑤[府立]咲くやこの花中学校
⑥[府立]水都国際中学校
⑦清風中学校
⑧高槻中学校（A日程）
⑨高槻中学校（B日程）
⑩明星中学校
⑪大阪女学院中学校
⑫大谷中学校
⑬四天王寺中学校
⑭帝塚山学院中学校
⑮大阪国際中学校
⑯大阪桐蔭中学校
⑰開明中学校
⑱関西大学第一中学校
⑲近畿大学附属中学校
⑳金蘭千里中学校
㉑金光八尾中学校
㉒清風南海中学校
㉓帝塚山学院泉ヶ丘中学校
㉔同志社香里中学校
㉕初芝立命館中学校
㉖関西大学中等部
㉗大阪星光学院中学校

兵庫県

①[国立]神戸大学附属中等教育学校
②[県立]兵庫県立大学附属中学校
③雲雀丘学園中学校
④関西学院中学部
⑤神戸女学院中学部
⑥甲陽学院中学校
⑦甲南中学校
⑧甲南女子中学校
⑨灘中学校
⑩親和中学校
⑪神戸海星女子学院中学校
⑫滝川中学校
⑬啓明学院中学校
⑭三田学園中学校
⑮淳心学院中学校
⑯仁川学院中学校
⑰六甲学院中学校
⑱須磨学園中学校(第1回入試)
⑲須磨学園中学校(第2回入試)
⑳須磨学園中学校(第3回入試)
㉑白陵中学校
㉒夙川中学校

奈良県

①[国立]奈良女子大学附属中等教育学校
②[国立]奈良教育大学附属中学校
③[県立] 国際中学校
青翔中学校
④[市立]一条高等学校附属中学校
⑤帝塚山中学校
⑥東大寺学園中学校
⑦奈良学園中学校
⑧西大和学園中学校

和歌山県

①[県立] 古佐田丘中学校
向陽中学校
桐蔭中学校
日高高等学校附属中学校
田辺中学校
②智辯学園和歌山中学校
③近畿大学附属和歌山中学校
④開智中学校

岡山県

①[県立]岡山操山中学校
②[県立]倉敷天城中学校
③[県立]岡山大安寺中等教育学校
④[県立]津山中学校
⑤岡山中学校
⑥清心中学校
⑦岡山白陵中学校
⑧金光学園中学校
⑨就実中学校
⑩岡山理科大学附属中学校
⑪山陽学園中学校

広島県

①[国立]広島大学附属中学校
②[国立]広島大学附属福山中学校
③[県立]広島中学校
④[県立]三次中学校
⑤[県立]広島叡智学園中学校
⑥[市立]広島中等教育学校
⑦[市立]福山中学校
⑧広島学院中学校
⑨広島女学院中学校
⑩修道中学校
⑪崇徳中学校
⑫比治山女子中学校
⑬福山暁の星女子中学校
⑭安田女子中学校
⑮広島なぎさ中学校
⑯広島城北中学校
⑰近畿大学附属広島中学校福山校
⑱盈進中学校
⑲如水館中学校
⑳ノートルダム清心中学校
㉑銀河学院中学校
㉒近畿大学附属広島中学校東広島校
㉓AICJ中学校
㉔広島国際学院中学校
㉕広島修道大学ひろしま協創中学校

山口県

①[県立] 下関中等教育学校
高森みどり中学校
②野田学園中学校

徳島県

①[県立] 富岡東中学校
川島中学校
城ノ内中等教育学校
②徳島文理中学校

香川県

①大手前丸亀中学校
②香川誠陵中学校

愛媛県

①[県立] 今治東中等教育学校
松山西中等教育学校
②愛光中学校
③済美平成中等教育学校
④新田青雲中等教育学校

高知県

①[県立] 安芸中学校
高知国際中学校
中村中学校

福岡県

①[国立]福岡教育大学附属中学校(福岡・小倉・久留米)
②[県立]育徳館中学校／門司学園中学校／宗像中学校／嘉穂高等学校附属中学校／輝翔館中等教育学校
③西南学院中学校
④上智福岡中学校
⑤福岡女学院中学校
⑥福岡雙葉中学校
⑦照曜館中学校
⑧筑紫女学園中学校
⑨敬愛中学校
⑩久留米大学附設中学校
⑪飯塚日新館中学校
⑫明治学園中学校
⑬小倉日新館中学校
⑭久留米信愛中学校
⑮中村学園女子中学校
⑯福岡大学附属大濠中学校
⑰筑陽学園中学校
⑱九州国際大学付属中学校
⑲博多女子中学校
⑳東福岡自彊館中学校
㉑八女学院中学校

佐賀県

①[県立]香楠中学校／致遠館中学校／唐津東中学校／武雄青陵中学校
②弘学館中学校
③東明館中学校
④佐賀清和中学校
⑤成穎中学校
⑥早稲田佐賀中学校

長崎県

①[県立]長崎東中学校／佐世保北中学校／諫早高等学校附属中学校
②青雲中学校
③長崎南山中学校
④長崎日本大学中学校
⑤海星中学校

熊本県

①[県立]玉名高等学校附属中学校／宇土中学校／八代中学校
②真和中学校
③九州学院中学校
④ルーテル学院中学校
⑤熊本信愛女学院中学校
⑥熊本マリスト学園中学校
⑦熊本学園大学付属中学校

大分県

①[県立]大分豊府中学校
②岩田中学校

宮崎県

①[県立]五ヶ瀬中等教育学校
②[県立]宮崎西高等学校附属中学校／都城泉ヶ丘高等学校附属中学校
③宮崎日本大学中学校
④日向学院中学校
⑤宮崎第一中学校

鹿児島県

①[県立]楠隼中学校
②[市立]鹿児島玉龍中学校
③鹿児島修学館中学校
④ラ・サール中学校
⑤志學館中等部

沖縄県

①[県立]与勝緑が丘中学校／開邦中学校／球陽中学校／名護高等学校附属桜中学校

もっと過去問シリーズ

北海道

北嶺中学校
7年分(算数・理科・社会)

静岡県

静岡大学教育学部附属中学校
(静岡・島田・浜松)
10年分(算数)

愛知県

愛知淑徳中学校
7年分(算数・理科・社会)
東海中学校
7年分(算数・理科・社会)
南山中学校男子部
7年分(算数・理科・社会)
南山中学校女子部
7年分(算数・理科・社会)
滝中学校
7年分(算数・理科・社会)
名古屋中学校
7年分(算数・理科・社会)

岡山県

岡山白陵中学校
7年分(算数・理科)

広島県

広島大学附属中学校
7年分(算数・理科・社会)
広島大学附属福山中学校
7年分(算数・理科・社会)
広島学院中学校
7年分(算数・理科・社会)
広島女学院中学校
7年分(算数・理科・社会)
修道中学校
7年分(算数・理科・社会)
ノートルダム清心中学校
7年分(算数・理科・社会)

愛媛県

愛光中学校
7年分(算数・理科・社会)

福岡県

福岡教育大学附属中学校
(福岡・小倉・久留米)
7年分(算数・理科・社会)
西南学院中学校
7年分(算数・理科・社会)
久留米大学附設中学校
7年分(算数・理科・社会)
福岡大学附属大濠中学校
7年分(算数・理科・社会)

佐賀県

早稲田佐賀中学校
7年分(算数・理科・社会)

長崎県

青雲中学校
7年分(算数・理科・社会)

鹿児島県

ラ・サール中学校
7年分(算数・理科・社会)

※もっと過去問シリーズは
国語の収録はありません。

教英出版
〒422-8054
静岡県静岡市駿河区南安倍3丁目12－28
TEL 054-288-2131
FAX 054-288-2133
詳しくは教英出版で検索
教英出版 検索
URL https://kyoei-syuppan.net/

（配点非公表）

受験番号

令和６年度

兵庫県立大学附属中学校
適　性　検　査　Ⅱ　（50分）

1　理科分野

【問題１】　ミヤコさんは，ヒトのうでと同じしくみで動くロボットアームを作りたいと考えました。次の問いに答えなさい。

（1）ヒトのうでは曲げ伸(の)ばしすることができます。そのことがわかるように，右の図に筋肉をかきなさい。

（2）うでの骨を金属の棒にした場合，筋肉はどのような性質をもつ材料を使用すればよいか，書きなさい。

（3）ロボットアームにも関節を作りたいと思います。身の回りにある関節と似た動きをするものを書きなさい。

（4）完成したロボットアーム同士でうで相撲(ずもう)をさせます。筋肉の力が同じであれば，ひじから手までの金属の棒の長さが短いものが勝つと考えられます。この理由をてこのはたらきをもとに説明しなさい。

【問題２】　ヒカリさんが，夏休みにヒマワリを育てると，つぼみができ始めてから花がさくまで，花が太陽の方向に向いていました。調べてみると，くきの成長を活発にさせるある特別な物質が原因であるとわかりました。くきのどこにその物質が発生すると思いますか。右の図にかきこみ，説明も書きなさい。

説明

太陽

※ここから下は，何も書かないようにしてください。

2 国語分野

【問題一】 次は自転車で世界一周旅行をした石田ゆうすけさんの旅行記の一場面です。ベトナムから中国に入った筆者はシルクロードの砂漠（ばく）をこえて日本を目ざしました。文章を読んであとの問いに答えなさい。

『行かずに死ねるか！　世界９万５０００㎞自転車ひとり旅』　石田ゆうすけ著　第五章より抜粋

（著作権の都合により省略）

（配点非公表）

受験番号

令和６年度

兵庫県立大学附属中学校
適　性　検　査　Ⅰ　（45分）

1　算数分野

【問題１】　次の問いに答えなさい。また，答えを求めるために必要な式や考え方も書きなさい。

（1）ヒカリさんのお父さんが新車を買うことになりました。そこで家族４人で相談し，車のナンバーを決めることにしました。その方法は，家族４人の誕生日を利用して計算式を作り，その計算結果を車のナンバーにするというものです。右の表は，家族４人の誕生日を数字にした表です。

	誕生日	数字
ヒカリさん	8月 2日	8.02
お兄さん	12月30日	12.3
お父さん	7月20日	7.2
お母さん	9月19日	9.19

計算式を ヒカリさん＋お兄さん×お父さん－お母さん とするときの計算結果を求めなさい。

式

答え＿＿＿＿＿

（2）あるレストランでは，誕生日に来店するとケーキのサービスがあります。ヒカリさんの家族はお父さんの仕事の都合上，日曜日にしか来店することができません。2023年８月２日が水曜日であるとき，2024年以降，最初にヒカリさんの誕生日が日曜日になるのは，何年の誕生日か求めなさい。ただし，2024年はうるう年で２月29日があります。

式や考え方

答え＿＿＿＿＿年

（3）ヒカリさんは，午前８時に図書館へ向かって家を出ました。ヒカリさんが利用カードを忘れていることに気づいたお父さんが，14分後に同じ道を通って車でヒカリさんを追いかけました。ヒカリさんが自転車で進む速さが分速200m，お父さんの車の速さが時速54kmのとき，お父さんがヒカリさんに追いついた時刻を求めなさい。

式や考え方

答え＿＿＿時＿＿＿分

※ここから下は，何も書かないようにしてください。

受験番号

2 社会分野

【問題１】 次の地図と表１・表２をみて，あとの問いに答えなさい。

表１ 主な家畜の飼育数・農産物の多い県（2019）

	肉牛	にわとり	ぶた	ピーマン	小麦
１位	北海道	A	鹿児島	茨城	北海道
２位	鹿児島	鹿児島	A	A	福岡
３位	A	岩手	北海道	高知	B

農林水産省「畜産統計」より

表２ 東京都の市場でのピーマンの月別取りあつかい量にしめる割合（%）（2019）

	1月	2月	3月	4月	5月	6月	7月	8月	9月	10月	11月	12月
茨城	14	16	33	49	68	83	56	22	37	60	46	28
A	47	48	34	27	16	6	4	0	0	0	27	39
高知	24	20	20	14	10	5	0	0	0	3	13	19

独立行政法人 農畜産業振興機構HPより

（1）表１・表２中のＡにあたる県名を漢字で書き，地図中１～６より選びなさい。

(県名)　　　　県 (数字)

（2）表２をみて，Ａ県と高知県に共通するピーマン栽培の特色について，両県の気候を考えて書きなさい。

（3）表１中のＢ県について，次の文を読み，問いに答えなさい。

Ｂ県には，１～３世紀ごろのものとされる (a) 周りをほりで囲んだ大規模な遺跡があります。16 世紀には，（ Ｘ ）が朝鮮出兵の拠点をこの地におきました。幕末にはＢ県にあった藩が，幕府をたおして天皇中心の国家をつくろうとする運動に関わりました。新政府発足後も， (b) この県出身の政治家・役人が重要な役職につき，活躍しました。

① Ｂにあたる県名を漢字で書き，地図中１～６より選びなさい。

(県名)　　　　県 (数字)

② 下線部 (a) について，この遺跡名を漢字で書きなさい。また，周りをほりで囲んだ理由を書きなさい。

(遺跡名)　　　　遺跡

(理由)

③ 文中の空欄（ Ｘ ）に入る人物名を漢字で書きなさい。

※ここから下は，何も書かないようにしてください。

受験番号

（四）――線部④「体じゅうの力が抜け、その場に崩れそうになった」時の説明として最もふさわしくないものを、次から一つ選んで記号で答えなさい。

ア　もうだめかも知れないという不安の中での出会いに、助かったと安心して緊張の糸が解けたから。
イ　どれだけ水を飲んでも渇きが治まらない上に頭も朦朧としてきて、声も出なくなり不安でたまらなかったから。
ウ　つかれは限界にまで達し、次の村まで水が持たないのではないかと心配だったが、その心配から解放されたから。
エ　不安でいっぱいの状況下で、おじさんの温かい目に出会えたことで、「もう大丈夫だ」と心の底から思えたから。

（五）軽トラのおじさんたち一家の行いを表すのに最もふさわしいことわざを、次から一つ選んで記号で答えなさい。

ア　わざわいを転じて福となす
イ　袖ふり合うも多生の縁
ウ　笑う門には福来る
エ　九死に一生を得る

（六）――線部⑤で、筆者は「泣きたいような気持ち」になったと述べています。なぜそのような気持ちになったのか、このときの筆者の気持ちを「やさしさ」「当然」という語を使って六十字以上八十字以内で説明しなさい。

80　60

※ここから下は，何も書かないようにしてください。

【問題二】　次の小学六年生のヒカルさんとミヤコさんの会話を読んであとの問いに答えなさい。

ヒカル　『行かずに死ねるか』の石田さん、砂漠で親切な家族に会えて本当に良かったよね。
ミヤコ　知らない国で親切な人に助けてもらうなんて、きせきみたいなできごとよね。それにしても親切な人っているのね。
ヒカル　内閣府が十八歳以上の一万人を対象に行った「国民生活に関する世論調査」ではね、今の生活には74％の人が「満足している」「まあ満足している」と答えているんだ。ところがね、【資料1】を見て。その中で、どんな時に生活の中で充実感を感じるかという問いでは、「社会奉仕や社会活動をしている時」を選んだ人はごくわずかなんだ。
ミヤコ　本当に少ないね。10％にもならないのね。でも、そうかなぁ。私、何度も地域活動や社会活動に参加したことあるよ。
ヒカル　ぼくもあるよ。災害ボランティアとかそういう立派なものでなくて、もっとささやかな活動だけどね。
ミヤコ　【資料2】を見て。私たちが受けた全国学力・学習状況調査の質問で「人が困っているときは、進んで助けていますか」という問いに、「当てはまる」「どちらかといえば当てはまる」までふくめると90％をこえる人が進んで助けるって答えているよ。

【資料1】

政府広報オンラインより抜粋

（著作権の都合により省略）

【資料2】

国立教育政策研究所の報告より抜粋

（著作権の都合により省略）

問　二つの資料から、あなたが気づいたことを書きなさい。また、【資料2】の結果についてどう思うか、あなたの体験を交えて二百四十字以上三百字以内で書きなさい。題名と名前は書かずに、原稿用紙の書き方にしたがって書くこと。

※ここから下は，何も書かないようにしてください。

受験番号

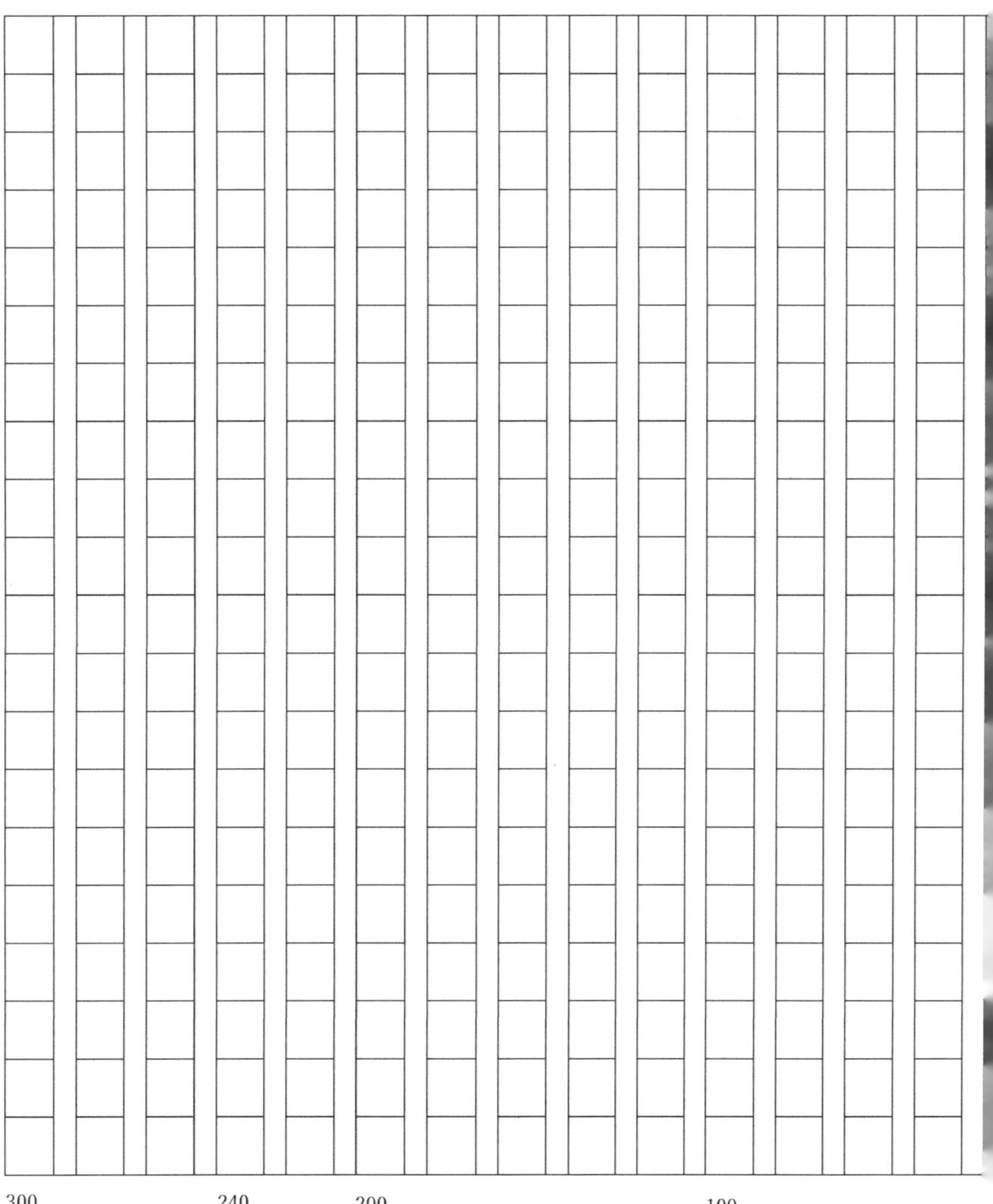

300　240　200　100

※ここから下は，何も書かないようにしてください。

【問題一】の解答用紙

(一) ━━線部ア・イのカタカナを漢字に直し、おくりがなも書きなさい。

ア

イ

(二) ━━線部①「ボトルの水が恐ろしい速さで減っていく」理由を説明した文を次から一つ選んで記号で答えなさい。

ア いざとなればすれちがう車に助けてもらうことができるので、喉の渇きを癒（いや）すことのほうを大切にしたから。
イ 砂嵐のせいで頭が朦朧として冷静に考えることができなかったが、砂漠の人たちはみな親切なので何とかなると考えたから。
ウ 灼熱の砂漠で嵐のような向かい風にも襲われて、熱風で喉がひりつくためいくら水を飲んでも喉が渇くから。
エ 強い風のために自転車が歩くより遅いスピードしかでず、頭が朦朧として目的地の村までは遠いことを忘れていたから。
オ 灼熱の砂漠と嵐のような向い風だけでなく、吹き抜ける熱風によって、水がどんどん蒸発してしまったから。

(三) ━━線部②と━━線部③について、同じ意味で使われているものを次からすべて選んで、記号で答えなさい。

(1) ━━線部②「戻ってきたらしい」
ア 空を見ていると、どうも明日は雪らしい。
イ あかりが消えているので、彼は寝てしまったらしい。
ウ このどんよりとした空は、実に冬らしい。
エ 目元がそっくりなので、あの少年は彼の弟らしい。

(2) ━━線部③「コーラを渡してきた」
ア 大雪の中、彼は長ぐつをはいて学校にきた。
イ この小説の犯人がだんだんわかってきた。

こから下は，何も書かないようにしてください。

【問題3】 ヒカリさんは，ブランコに乗るとき，座るよりも立つ方が短い時間で往復することに気がつきました。不思議に思い，図1のような糸とおもりで作ったふりこで調べました。表はその結果です。次の問いに答えなさい。

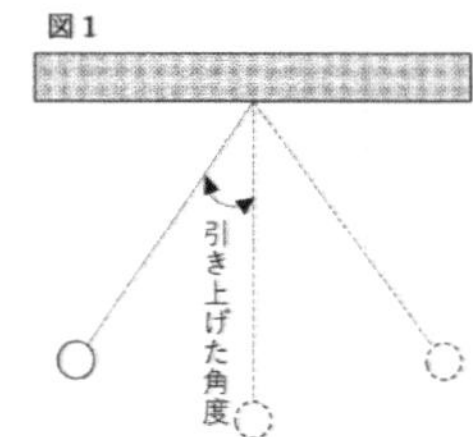

1）ふりこが1往復する時間を調べるとき，10往復する時間を3回はかった結果を使って計算します。その理由を答えなさい。

2）ふりこが往復する時間について，表のA～Fの結果をもとに糸の長さ，おもりの重さ，引き上げた角度との関係を説明しなさい。

	糸の長さ〔cm〕	おもりの重さ〔g〕	引き上げた角度〔°〕	ふりこが10往復する時間〔秒〕			1往復の平均時間〔秒〕
				1回目	2回目	3回目	
A	100	10	30	20	19	21	2.0
B	100	20	30	20	19	20	2.0
C	100	30	30	20	20	20	2.0
D	60	10	60	16	15	16	1.6
E	100	20	60	20	20	20	2.0
F	40	30	30	12	13	13	1.3

3）ヒカリさんは，水を入れた 500mL のペットボトルをつるして，上と同じ方法で2つ目の実験を行いました。

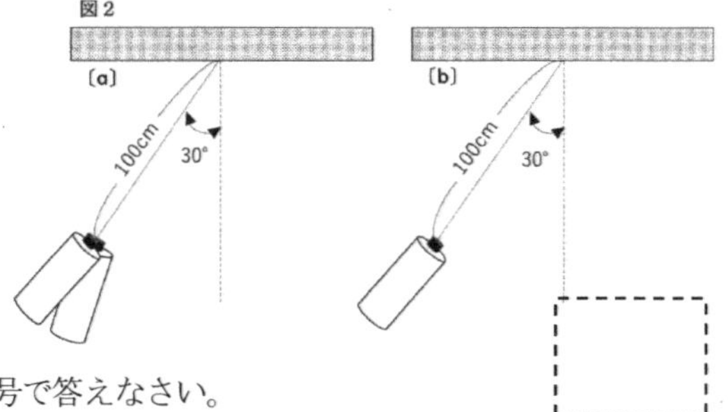

① 図2のようにペットボトル2本をぶらさげたもの〔a〕と，1本をぶらさげたもの〔b〕を用意し，1往復の時間を比べました。どのような結果になるか，ア～ウから選び，記号で答えなさい。

ア〔a〕の方が時間が短い。　イ〔b〕の方が時間が短い。　ウ　どちらも変わらない。

② 次に図2の〔b〕のペットボトルの水を3分の1まで減らしたもので実験を行いました。水を減らす前と比べて往復の時間はどうなるか，書きなさい。

4）上の実験から，立ってブランコに乗ると1往復の時間が短い理由を説明しなさい。

※ここから下は，何も書かないようにしてください。

④　下線部（b）について，次の人物と文の組み合わせとして正しいものを１～６より一つ選びなさい。

ⅰ　大隈重信（おおくましげのぶ）　　ⅱ　木戸孝允（きどたかよし）

ア　外務大臣としてイギリスと交渉（こうしょう）を行い，不平等条約の一部改正に成功した。

イ　政党をつくり，議会による政治の実現につとめ，日本で初の政党内閣をつくった。

ウ　ヨーロッパにわたりドイツの憲法を学び，大日本帝国憲法制定に力をつくした。

1　ⅰ・ア	2　ⅰ・イ	3　ⅰ・ウ
4　ⅱ・ア	5　ⅱ・イ	6　ⅱ・ウ

（4）地図中Ｙ県の出身で，岩倉具視（いわくらともみ）とともに欧米（おうべい）を歴訪した人物名を漢字で書きなさい。

【問題２】　あなたは，小麦を原料とした高級食パンを製造する会社の社員です。この高級食パンは小売価格１袋（ふくろ）500円で，１か月に１万袋売れていましたが，さまざまな事情により，原料の小麦の価格が値上がりしてしまいました。図１・図２をみて，あとの問いに答えなさい。

図１　商品の価格のうちわけ

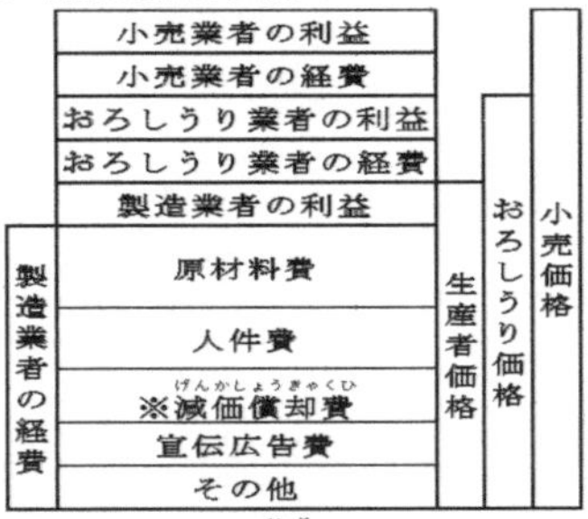

※製品をつくる設備を維持（いじ）していくための費用

図２　市場における小売価格と買いたい量の関係

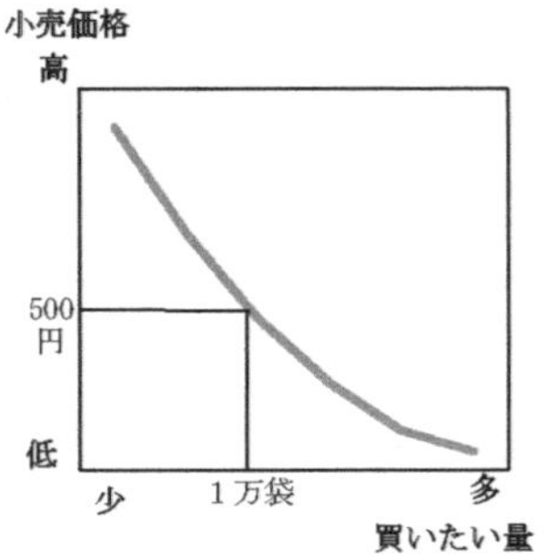

（1）条件が現状のままである場合，小売価格と買いたい量は，どのように変化するか，（　　）の語句より正しいものを選び，○で囲みなさい。

小売価格は（　上がり・下がり　），買いたい量は（　増える・変わらない・減る　）。

（2）「品質は同じ」「おろしうり業者，小売業者の利益は減らさない」という二つの条件に従って，今までと同じ500円で月に１万袋を売るために，あなたが考えたこととその理由を書きなさい。

※ここから下は，何も書かないようにしてください。

【問題３】 図の中にある四角形はすべて長方形です。次の問いに答えなさい。

（１）下の図のような，面積が 17.5 ㎠ の長方形ＡＢＣＤと面積が 10 ㎠ である三角形ＥＣＦにおいて，辺ＡＤと辺ＤＥの長さの比を最も簡単な整数の比で表しなさい。

（２）下の図において，アとイの面積を求めなさい。

1 cm²
9 cm²
イ
7.5 cm²
ア
8.75 cm²
7cm²
10.5 cm²
14 cm²

ア	イ
cm²	cm²

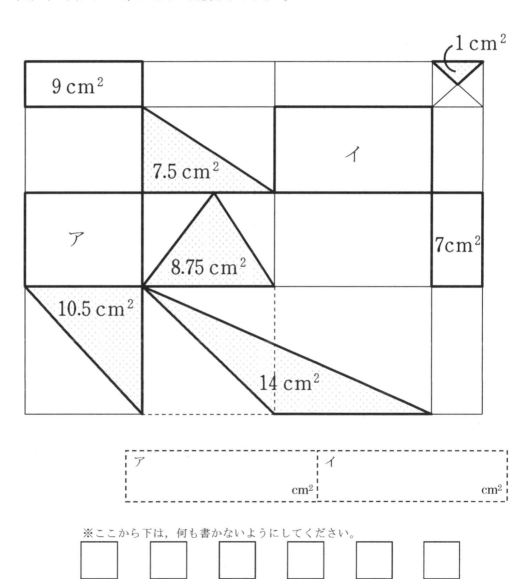

※ここから下は，何も書かないようにしてください。

【問題２】 ヒカリさんが見つけた右のいれものは，どの面からも水を入れることができます。また，注いだ水は決してもれることはありません。１分あたりに入れる水の量を決めて水を入れたときに水の深さがどう変わるのか，ヒカリさんは調べてみることにしました。次の問いに答えなさい。

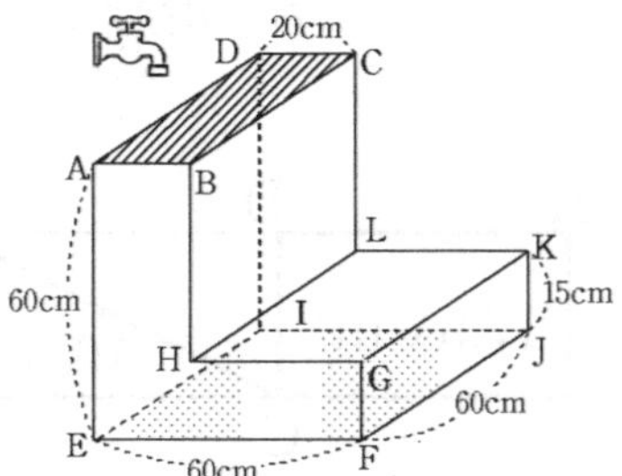

（1）1分あたり５リットルの水を12分間入れたとき水の深さは何cmになるか，求めなさい。また，答えを求めるために必要な式も書きなさい。

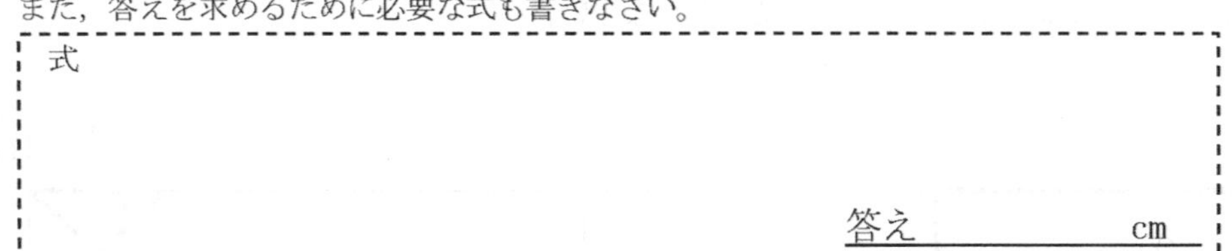

（2）上の立体を，図①～⑤のように底面の向きを変えて置きました。それぞれの立体に水を入れたときの時間 x 分と水の深さ y cmの関係は，㋐～㋔のいずれかのグラフになりました。㋑と㋓のグラフになるのは底面をどの向きに置いたときか，①～⑤から選び，答えなさい。

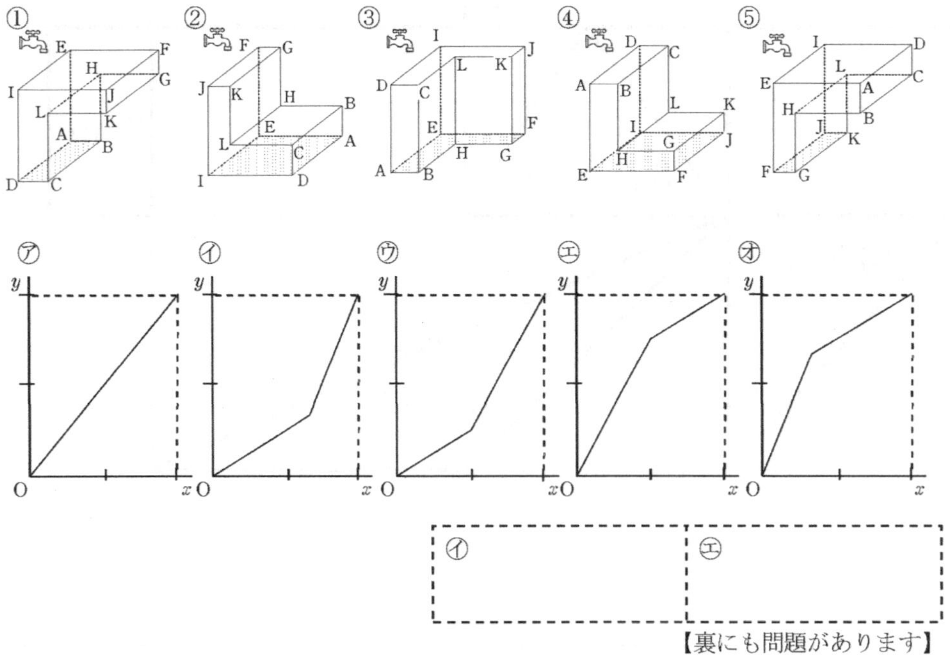

㋑	㋓

【裏にも問題があります】

※ここから下は，何も書かないようにしてください。

（配点非公表）

受験番号

令和５年度

兵庫県立大学附属中学校
適　性　検　査　Ⅰ　（45分）

1　算数分野

【問題１】　図１のような道があり，□から○に向かって進みます。横に進む道があるときは必ず横の道に進みます。通った道にあるカードを順番に並べて式を作り，**最後に**計算をしてその結果を○に記入します。このとき，あとの問いに答えなさい。

図１

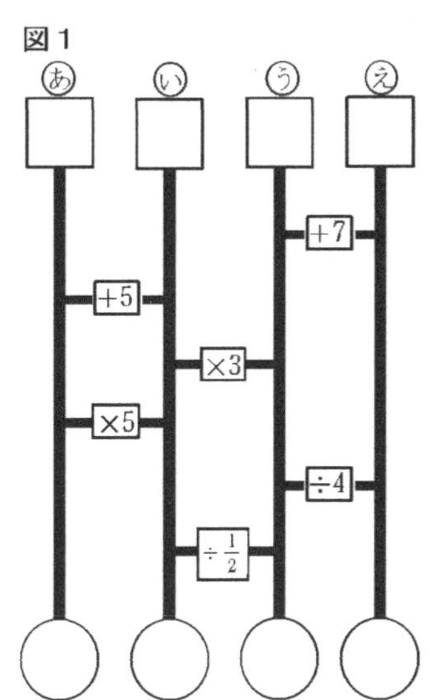

（例）㋒に３を入れたとき，カードを並べると

| 3 | +7 | ÷4 | $\div\frac{1}{2}$ |

となり

式は

$$3+7\div4\div\frac{1}{2}$$

となる。

（１）㋑に７を入れたとき，計算結果を答えなさい。

（２）$\frac{2}{3}$を㋐～㋓のどの□に入れたとき，計算結果がもっとも大きくなるか，そのときの計算結果を答えなさい。

（３）この道の途中に[+2]を１か所付け加えます。㋐に４を入れたとき計算結果がもっとも大きくなるように，下の図２の中に[+2]を記入しなさい。また，そのときの計算結果を答えなさい。

ただし，[+2]はたての道に対して垂直に交わり，となりにある横の道と，高さがちがうようにすること。

図２

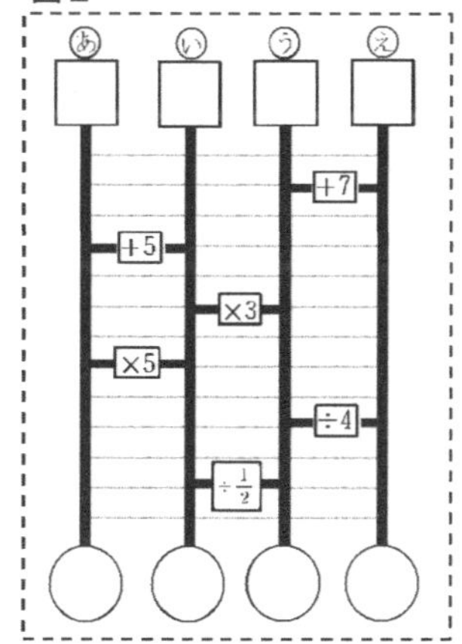

計算結果

※ここから下は，何も書かないようにしてください。

受験番号

2 社会分野

【問題１】 次の問いに答えなさい。

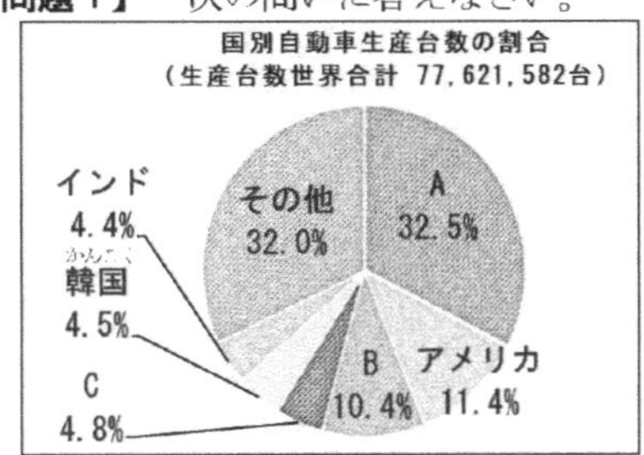

「日本貿易振興機構調査レポート（2021）」より

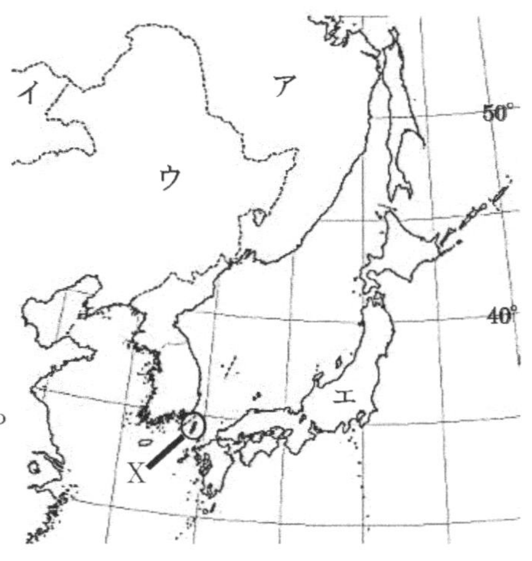

（1）地図を参考にして，北緯40度の緯線が通っている日本の県を２つ漢字で書きなさい。

県　県

（2）国別自動車生産台数の割合を表したグラフ中のAにあたる国を地図中のア～エより一つ選んで，記号で答えなさい。また，その国名を書きなさい。（国名は略称でかまいません。）

記号　国名

（3）国別自動車生産台数の割合を表したグラフ中のB，Cは第二次世界大戦時に同盟を結んでいました。B，Cにあたる国の組み合わせとして正しいものを次のア～カより一つ選んで，記号で答えなさい。

ア　B：日本　C：イタリア　　イ　B：イタリア　C：日本
ウ　B：日本　C：ドイツ　　エ　B：ドイツ　C：日本
オ　B：イタリア　C：ドイツ　　カ　B：ドイツ　C：イタリア

（4）次の表は，神戸港，名古屋港，成田国際空港，関西国際空港の輸出品の上位３品目を表したものです。神戸港にあたるものをア～エより一つ選んで，記号で答えなさい。

ア	イ	ウ	エ
半導体等電子部品（集積回路など）	半導体等製造装置	自動車	プラスチック
科学光学機器（レンズ・カメラなど）	半導体等電子部品（集積回路など）	自動車部品	建設・鉱山用機械
電気回路等の機器	電気計測機器	原動機（エンジン・モーターなど）	原動機（エンジン・モーターなど）

「大阪税関・神戸税関・名古屋税関資料（2020）」より

※ここから下は，何も書かないようにしてください。

（配点非公表）

受験番号

令和５年度

兵庫県立大学附属中学校
適　性　検　査　Ⅱ

（50分）

1　理科分野

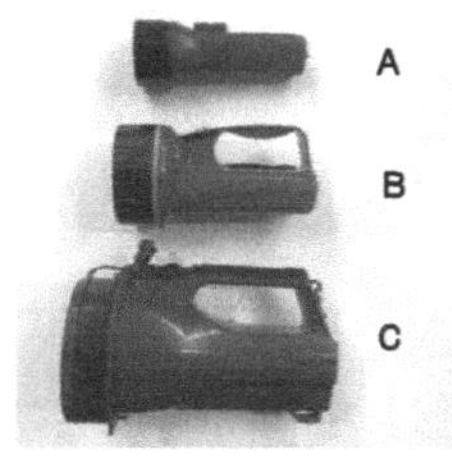

【問題１】　ヒカリさんが非常持ち出し袋に入れるかい中電灯を探していたところ，大きさのちがうA，B，Cの３つのかい中電灯を見つけました。調べてみると，３つとも同じ豆電球と，すべて同じ大きさのかん電池が入っていました。かん電池は，Aには２個，Bには４個，Cには６個入っていました。つけてみると，３つとも同じ明るさでした。次の問いに答えなさい。

（1）ヒカリさんは，「なぜ３つとも同じ明るさなのだろう」と不思議に思い，回路図をかくことにしました。かん電池を２個使ったAは，図１のようになります。図１を参考にして，BとCはどんな回路になっているか，電気用図記号を用いてかきなさい。

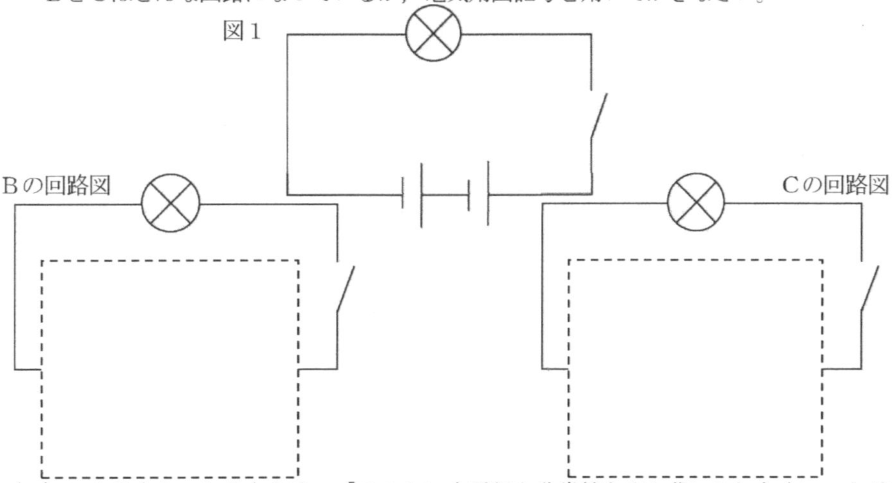

図１

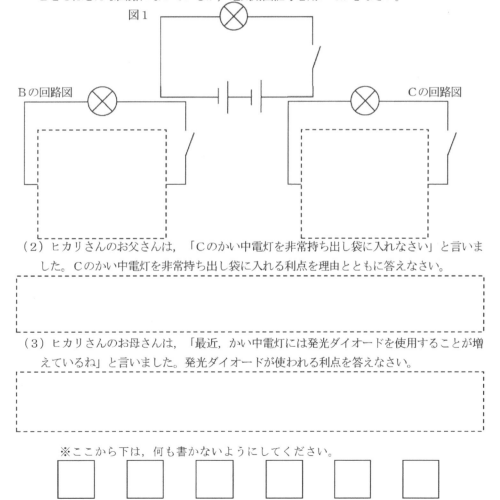

Bの回路図

Cの回路図

（2）ヒカリさんのお父さんは，「Cのかい中電灯を非常持ち出し袋に入れなさい」と言いました。Cのかい中電灯を非常持ち出し袋に入れる利点を理由とともに答えなさい。

（3）ヒカリさんのお母さんは，「最近，かい中電灯には発光ダイオードを使用することが増えているね」と言いました。発光ダイオードが使われる利点を答えなさい。

※ここから下は，何も書かないようにしてください。

2

国語分野

【問題一】　次の文章を読んで、あとの問いに答えなさい。

『ジュニア版　キリン解剖記　キリンの首の骨が教えてくれたこと』　郡司芽久著　第八章より抜粋

（一）　――線部①「そうだ」と同じ意味で用いられているものを、次のア～オからすべて選んで、記号で答えなさい。

【資料３】

『ジュニアエラ』2

【資料４】

『ジュニアエラ』2

（一）資料１～４に示されている内容としてふさわしくないものを次のア～オから一つ選んで、記号で答えなさい。

ア　このまま気温の上昇が続けば、２０８０年代半ばには十年に一度の強い雨が降る確率が、十九世紀後半の平均に比べて2.7倍になると予想される。

イ　北極域の氷が解け海面の面積が大きくなると海水温が上昇し、さらに氷ができにくくなる。

ウ　北極と南極の海水は赤道付近の熱を分散する役割を果たしている。

エ　１９７９年以降、北極域の海氷面積は減り続けているが、２０２０年３月の時点では２０１９年が最小値であった。

オ　２０５０年ごろに温室効果ガスの排出を実質ゼロにできた場合は、産業革命以降の気温の上昇は1.5℃程度におさえられる。

（二）資料２の――線部「北極と南極は地球全体を冷やし、安定した気候にする役割を担っています」とありますが、本文中に述べられているすべての自然現象を十字以上十五字以内で書きなさい。

※ここから下は，何も書かないようにしてください。

（三）あなたが資料１～４の中で興味をもった資料について、その理由と意見を次の条件にしたがって二百四十字以上三百字以内で書きなさい。

《条件》

・最初の□にあなたが選んだ資料番号を書くこと。
・一段落目に、あなたが興味をもった理由を書くこと。
・二段落目に、あなたの意見を書くこと。ただし、他の資料も参考にして書くこと。
・題名や名前は書かないこと。
・原稿用紙の書き方にしたがって書くこと。
・資料の数値を書くときは、次の例のように書くこと。

《例》

10	年

1.5	℃

3	9	6	万

選んだ資料番号（　　）

原稿用紙

受験番号

300　240　200　1

※ここから下は，何も書かないようにしてください。

【問題二】　気候危機に関する次の資料1〜4を見て、あとの問いに答えなさい。

【資料1】

『Newsがわかる』2020年3月号「気候変動の北極と南極」より抜粋

（著作権の都合により省略）

【資料2】

『Newsがわかる』2020年3月号「気候変動の北極と南極」より抜粋

（著作権の都合により省略）

号　重大ニュース「環境」より抜粋

（著作権の都合により省略）

号　重大ニュース「環境」より抜粋

（著作権の都合により省略）

受験番号

ウ　もうすぐ赤ちゃんが起きそうだ。
エ　おそうじロボットは、すごく便利だそうだ。
オ　今晩は雪が降りそうだ。

(二)　――線部②「指定」と同じような使われ方をしている語を、本文中から抜き出して書きなさい。

(三)　――線部③「容易」と対になる語を漢字で正しく書きなさい。

(四)　次の文は、本文中のある部分が欠落したものです。文意がつながるように本文に入れるとき、前の文の終わりの六字を書きなさい。ただし句読点も一字と数えます。

2013年には、IUCNのレッドリストにおいて絶滅危惧種に指定された。

(五)　本文に書かれている内容について正しいものを次のア～オから一つ選んで、記号で答えなさい。

ア　野生のキリンの個体数が減少した原因は、アフリカ諸国で続く内乱、密猟、そして絶滅危惧種に指定されなかったことだ。
イ　人類が、地球環境に対する正しい対策をしていても、絶滅の危機に瀕している野生動物の個体数の減少をさけることは難しい。
ウ　「絶滅危惧種」とは絶滅危急種・絶滅寸前種ほどではないがわずかな環境の変化で絶滅の恐れがある種のことで、キリンもこれに指定された。
エ　過去30年ほどで地球上に生息しているキリンの個体数が4割近くも減少してしまったが、アフリカのサファリ各地でキリンを見かけることができるので危機感が薄く、気づくことができなかった。
オ　アフリカゾウやカバは、早めに絶滅危急種に認定されているため、今後絶滅する心配はなくなったが、我々人間がきちんとした対応をすることで、地球上の生き物が守られることに変わりはない。

※ここから下は，何も書かないようにしてください。

【問題２】　ミヤコさんが，５つの水溶液（すいようえき）の性質をリトマス紙を使って調べた結果を，次の表にまとめました。A～Eの水溶液は，食塩水，炭酸水，うすい塩酸，重そう水，うすいアンモニア水のいずれかであるとわかっています。あとの問いに答えなさい。

水溶液	A	B	C	D	E
赤色リトマス紙の変化	青色	変化なし	変化なし	青色	変化なし
青色リトマス紙の変化	変化なし	（X）	赤色	変化なし	赤色

（1）表の（X）にあてはまる結果とBの水溶液の名前を答えなさい。

結果	水溶液

（2）５つの水溶液からうすいアンモニア水がどれかを知るための方法と結果を答えなさい。

（3）うすい塩酸にアルミニウムを加えると，あわが発生しました。反応後の液体を蒸発皿にとって水を蒸発させたところ，白色の固体が残りました。似たようなものが酸性雨によって被害（ひがい）にあった金属製の像にもみられます。ミヤコさんは，「この白色の固体は，もとのアルミニウムと違うものなのだろうか」と疑問に思い実験を行いました。その方法と結果を2つ答えなさい。

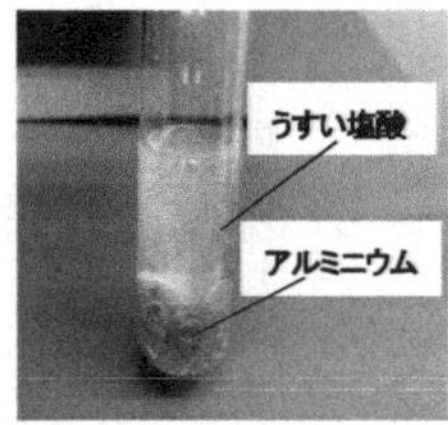

（4）近年，海の酸性化という環境問題があると話題になっています。海水には重そうと同じ成分がふくまれているので，もともと弱い（　　　）性ですが，そこに空気中のある気体がとけて，少しずつ性質が変化しています。その結果，貝がらやサンゴをつくる材料が海の中から減少していると考えられています。

①　（　　）にあてはまる水溶液の性質と，下線部のある気体の名前を答えなさい。

性質　　　　性	名前

②　海の酸性化をどのように解決したらよいか，あなたにできることを具体的に答えなさい。

※ここから下は，何も書かないようにしてください。

（5）日本の制度や文化は，大陸や朝鮮半島からの影響を強く受けていました。古墳がつくられていたころに，大陸から日本に移り住み，高度な技術や漢字，仏教を伝えた人々を何というか，漢字で書きなさい。

（6）豊臣秀吉が朝鮮に兵を送った影響として正しいものをア～エより一つ選んで，記号で答えなさい。

ア　朝鮮の職人たちにより，有田焼や萩焼などに高い技術が伝えられた。
イ　朝鮮から伝えられたおどりをもとに，観阿弥・世阿弥によって能が大成された。
ウ　朝鮮の人々によって伝えられた演劇をもとに，歌舞伎が上演されるようになった。
エ　朝鮮の画家たちにより，浮世絵と呼ばれる版画が伝えられた。

（7）地図中のＸは，江戸時代に鎖国のもと，朝鮮と交流していた藩です。その藩名を漢字で書きなさい。また，この藩を通じて朝鮮から送られた使節を何というか，漢字で書きなさい。

藩名　　藩　　使節名

【問題２】　次の表は，日本からアメリカへの自動車の輸出台数とその時の円相場をあらわしています。この表と説明文を参考にして，あとの問いに答えなさい。

	輸出台数	円相場
2021年4月	118,655台	1ドル＝110円
2022年4月	109,037台	1ドル＝125円

「JAMAデーターベース（2021，2022）」より

円安とは，日本のお金の円の価値が，外国のお金に比べて低くなっている状態をいいます。例えば，1ドル＝100円が1ドル＝140円になることです。
注：表中の円相場は，それぞれの時点でのおよその円の価値を記しています。

（1）自動車1台につき1000ドルの利益があると仮定すると，2022年4月の利益は何億円になるか，千万の位を四捨五入して答えなさい。

億円

（2）2021年4月も自動車1台につき1000ドルの利益があったと仮定して，（1）の計算結果を参考に，輸出と円相場の関係について，「円安」という語句を必ず使って書きなさい。

※ここから下は，何も書かないようにしてください。

【問題３】　１辺８cmの正方形ＡＢＣＤの折り紙があります。辺ＡＢ，ＢＣ，ＣＤ，ＤＡの真ん中の点をそれぞれＥ，Ｆ，Ｇ，Ｈとし，直線ＥＧと直線ＨＦの交わった点をＯとします。図のように頂点Ａと頂点Ｄがぴったりと重なるように折り，次に頂点Ｂが頂点Ａにぴったりと重なるように折ります。このとき，あとの問いに答えなさい。

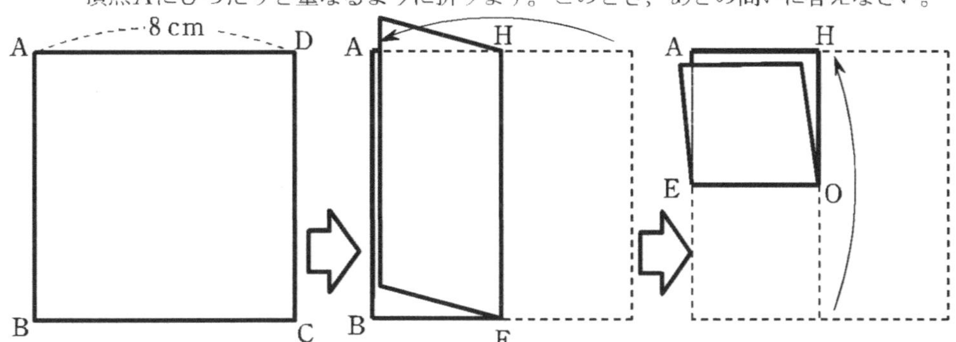

（１）下の図は２回折ってできた正方形ＡＥＯＨにおいて，辺ＡＨ，ＨＯの真ん中の点をそれぞれM，Ｎとします。点M，Ｎを結んだ直線で切ってひろげたときにできる図形をかきなさい。

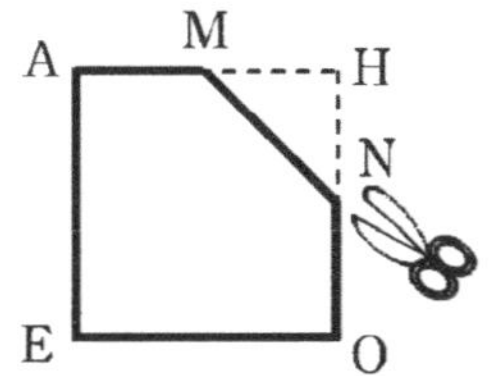

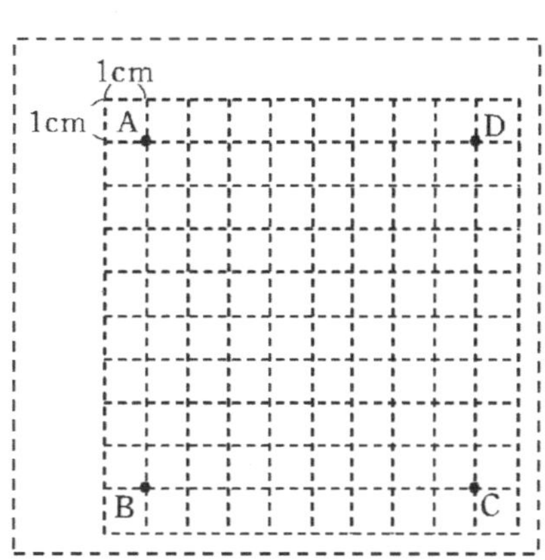

（２）２回折ってできた正方形ＡＥＯＨを，１回だけ直線で切ってひろげます。残った図形の面積が44cm²となるように切り取るにはどのように切ればよいか，切り取る線を下の図形にかきなさい。また，どこで切り取ったかがわかるように，正方形の辺の上に，必要な長さをかき加えなさい。

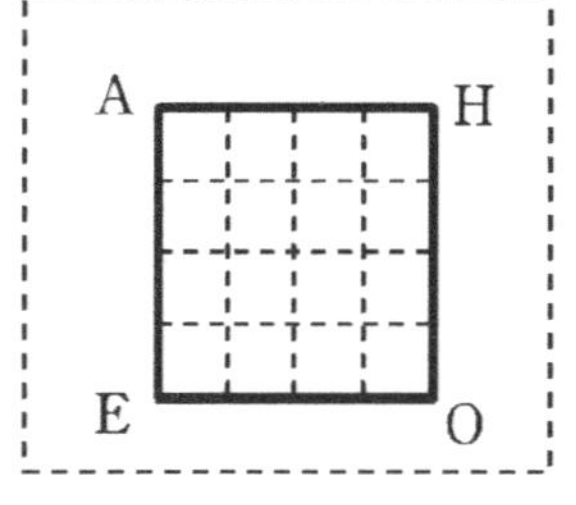

※ここから下は，何も書かないようにしてください。

【問題２】　ヒカリさんの電動アシスト自転車は，平地では分速200mの速さで進みます。次の問いに答えなさい。

（1）ヒカリさんが10時に電動アシスト自転車で家を出発し，図書館に向かいました。図書館で13分過ごし，10時37分に帰宅しました。家から図書館までの道のりは何mか，求めなさい。

（2）ヒカリさんは4800m離れた坂の上にあるミヤコさんの家に遊びにいきました。ただし，電動アシスト自転車の速さは平地を走るときと比べて，坂を上るときは20%おそくなり，坂を下るときは20%速くなります。

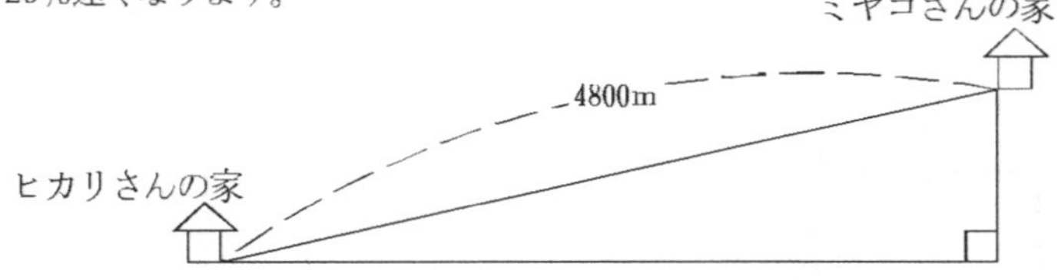

①　ヒカリさんが13時5分に自分の家を出発し，15時43分に帰宅しました。ミヤコさんの家にいた時間は何分間か，求めなさい。

②　次の日も遊ぶ約束をしましたが，ヒカリさんは途中で忘れ物を取りに帰り，家に入って出てくるのに１分かかったため，ミヤコさんの家に約束の時間より16分おくれてやってきました。ヒカリさんが，忘れ物に気づいたのは，家から何mまで進んだところか，求めなさい。

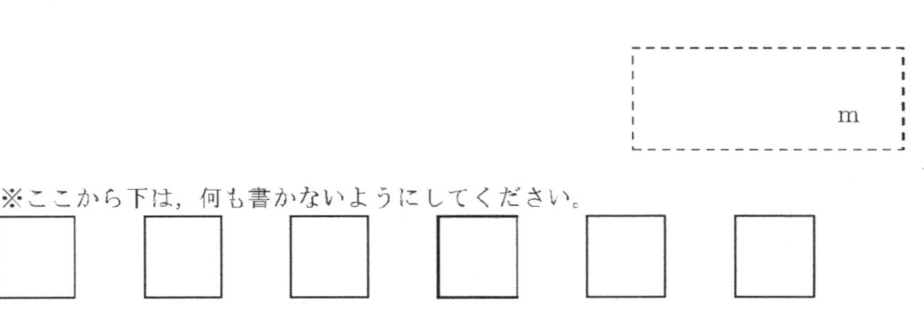

（配点非公表）

受験番号

令和４年度

兵庫県立大学附属中学校

適　性　検　査　Ⅰ

（45分）

1　算数分野

【問題１】　「24 の約数をすべて足した数」を★，「48 の約数をすべて足した数」を☆，「60 の約数をすべて足した数」を○として，次の計算の □ に入る数を答えなさい。

（1）　$★\times\frac{1}{10}\times(420\div1.25+1)=$ □

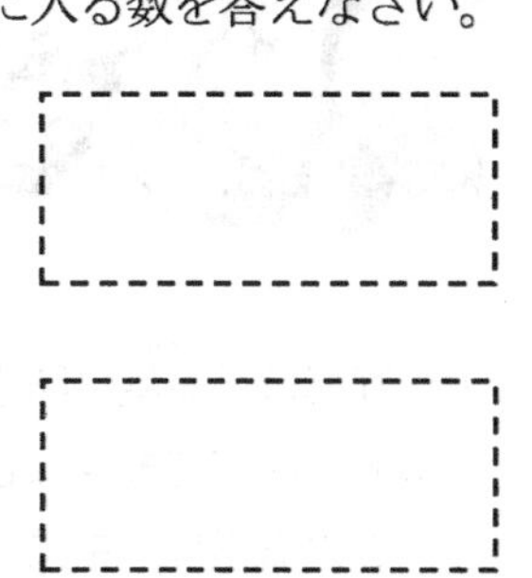

（2）　○－☆＝ □

【問題２】　１辺が１ｍの正方形の形をしたモップがけロボットが，次のようなフロアの上を掃除（そうじ）します。ロボットは，次の①～④のプログラムにしたがって動きます。

① ロボットは，はじめフロアの★の場所に置いてあり，その１辺ＧＨとフロアの１辺ＡＢとが常に平行になるように毎秒１ｍの速さで動く。ただし，辺ＡＢもしくは辺ＡＦに平行な向きにのみ動く。
② ロボットは，スイッチを入れたと同時に掃除を始める。また，ロボットが通った場所は，ロボットの下もふくめてすべて掃除ができているものとする。よって，スイッチを入れた１秒後には２㎡，２秒後には３㎡ 掃除ができている。
③ フロアの外にはみ出さず，一度掃除した場所は通らない（少しも重ならない）。
④ スイッチを入れると，必ずフロア全体を掃除できるように動く。

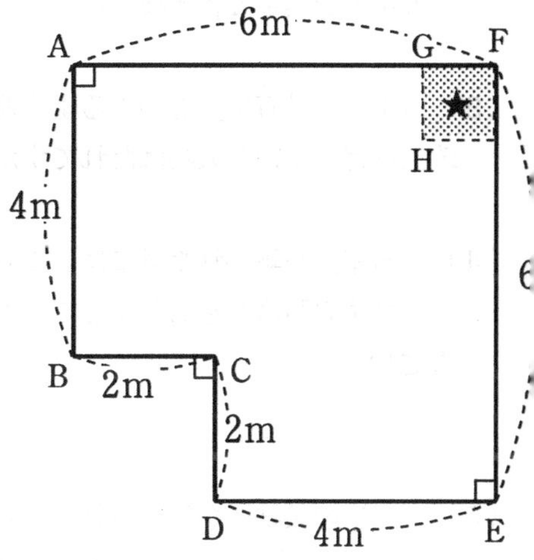

（1）フロア全体の面積を求めなさい。

（2）フロア全体の掃除が終わるのは，スイッチを入れてから何秒後か，答えなさい。

【問題２】 写真と地図を見て，あとの問いに答えなさい。

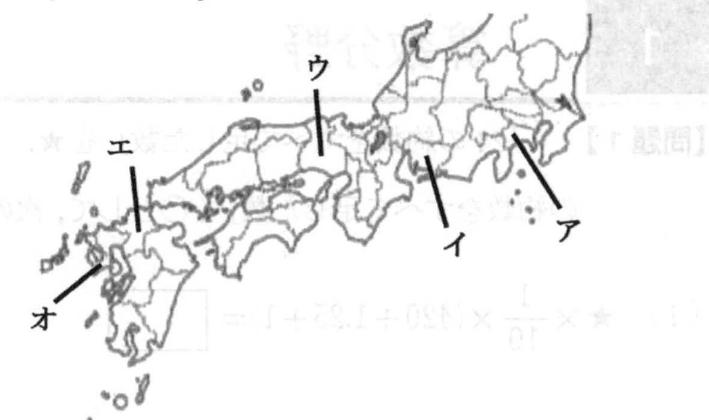

（1）写真は「石塁（防塁）」といいます。これについて書かれた文の（　　）に入る中国の国名を漢字で書きなさい。

「この石塁は，中国の（　　）という国が，軍を率いて日本に上陸するのを防ぐために築かれました。」

（2）（1）の「石塁」が築かれた県として最もふさわしいものを，地図中のア～オから一つ選んで，記号で答えなさい。また，その県名を漢字で書きなさい。

記号	県名
	県

（3）（1）の「石塁」をつくるよう命じた，当時の日本で政治を行っていた人物はだれですか。漢字で書きなさい。

（4）「石塁」が築かれた県には，のちに政府が製鉄所を建設しました。この製鉄所は，中国との戦争の賠償金をもとにしてつくられました。この戦争を何といいますか。漢字で書きなさい。

戦争

（5）（4）の製鉄所が建設された当時，１トンの鉄鋼を生産するのに，鉄鉱石２トン，石炭４トンが必要でした。もし，その当時，左の略地図のような土地があるとすれば，ア～ウのどの場所に製鉄所を建設すればよいか，一つ選んで，記号で答えなさい。また，その理由を書きなさい。

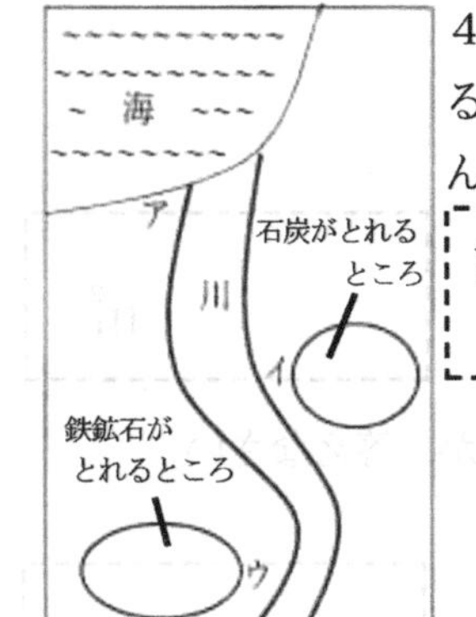

記号	理由

（配点非公表）

受験番号

令和４年度

兵庫県立大学附属中学校
適　性　検　査　Ⅱ

（50分）

1　理科分野

【問題１】 附属中学校では，総合的な学習の時間に天気について研究している班があります。次の問いに答えなさい。

（１）右の写真は自作の百葉箱です。百葉箱は，地面から何㎝の高さに設置するのが良いか，正しいものを次のア～エから１つ選んで，記号で答えなさい。

ア　30 ㎝～ 60 ㎝　　イ　80 ㎝～110 ㎝

ウ　120 ㎝～150 ㎝　　エ　170 ㎝～200 ㎝

（２）下は，ある学校の校舎の周辺図です。図の中で百葉箱を設置するのに適する場所ととびらの向きを，右下の例の記号を用いて図の中にかきこみ，その理由も答えなさい。

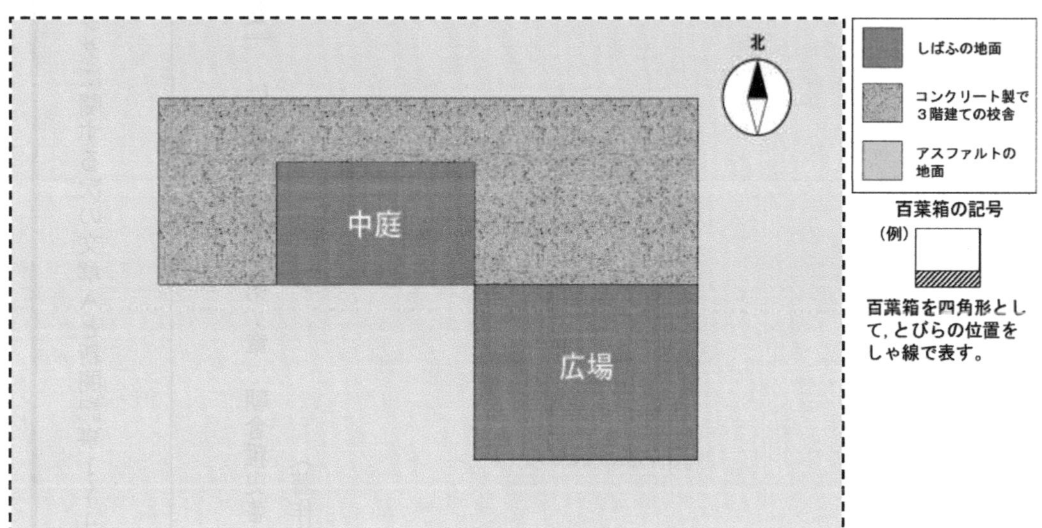

理由

（３）校舎周辺の雨量を調べるために，右図のような円柱の形をした容器を作りました。これを設置してから，５時間後にたまった水の量を調べると 196.25 ㎤でした。１時間の雨量（たまった水の深さ）の平均は，何㎜か，求めなさい。なお，円周率は 3.14 とします。

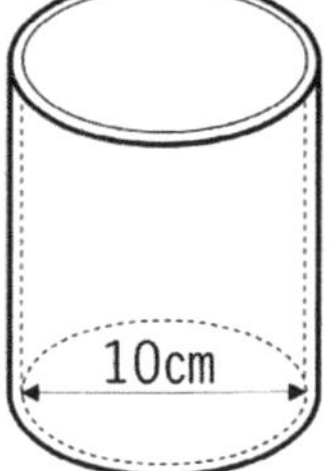

㎜

2

国語分野

【問題一】 スポーツやオリンピック・パラリンピックに関する次の文章Aと新聞記事1～4を読んで、あとの問いに答えなさい。

文章A

『スポーツと君たち　１０代のためのスポーツ教養』　佐藤善人編著　第７章　朝倉雅史著より抜粋

（著作権の都合により省略）

受験番号

ができるもので、スポーツをする人だけのものではない。

エ　スポーツは、人びとのつながりを豊かにしてくれる価値がある特別なものであるため、国際連合によって紛争を停止することが取り決められ、世界各国で守られている。

(四)――線部⑤「心がおどりました」とありますが、「心がおどる」の用法がまちがっているものを次のア～エから一つ選んで、記号で書きなさい。

ア　プレゼントをあける時は、期待で心がおどる。

イ　夏休みに田舎(いなか)の祖父の家で過ごすことを考えるだけで、喜びで心がおどる。

ウ　劇の出番が近づき、失敗できないという緊張(きんちょう)で心がおどる。

エ　明日の遠足のことを思うと、楽しみで心がおどる。

(五)――線部⑦⑧「涙」について、どんな気持ちの涙か、それぞれ十五字以上二十五字以内で書きなさい。

⑦　（解答欄）涙

⑧　（解答欄）涙

(六)――線部③「スポーツは国籍・人種・言語の違いをこえて人びとのつながりをつくり」の例として最もふさわしい新聞記事を1～4から一つ選んで、数字で書きなさい。また③のようなスポーツのねうちを、筆者は何と表現していますか。文章Aから十字でぬき出して書きなさい。

【問題二】 あなたの学級で**【問題一】**の新聞記事1～4で興味をもったものについて、新聞記事の写真をスライドで見せながら、スピーチで紹介し合うことになりました。次の条件にしたがって、スピーチの原稿を二百四十字以上三百字以内で書きなさい。

《条件》

- 最初の□に自分が選んだ新聞記事の番号を書くこと。
- 「みなさん、これを見てください。」に続くスピーチを書くこと。
- 「はじめ・中・終わり」の構成とすること。
- 「はじめ」にはスライドに映した写真の説明、「中」には記事から思い起こされた自分の体験、「終わり」には自分の感想や意見を書くこと。
- 題名や名前は書かずに原稿用紙の書き方にしたがって書くこと。

選んだ新聞記事の番号（　　）

原稿用紙

受験番号

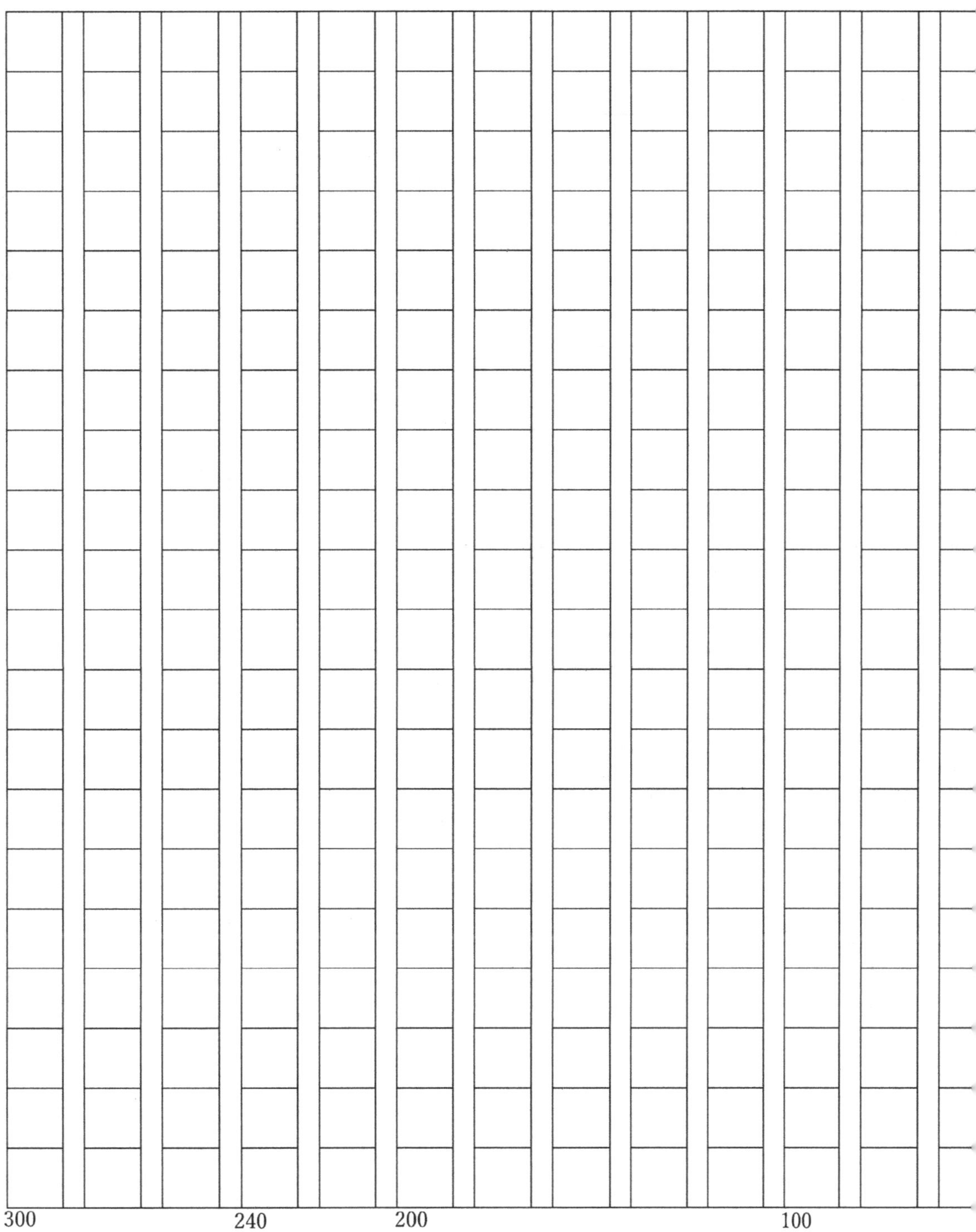

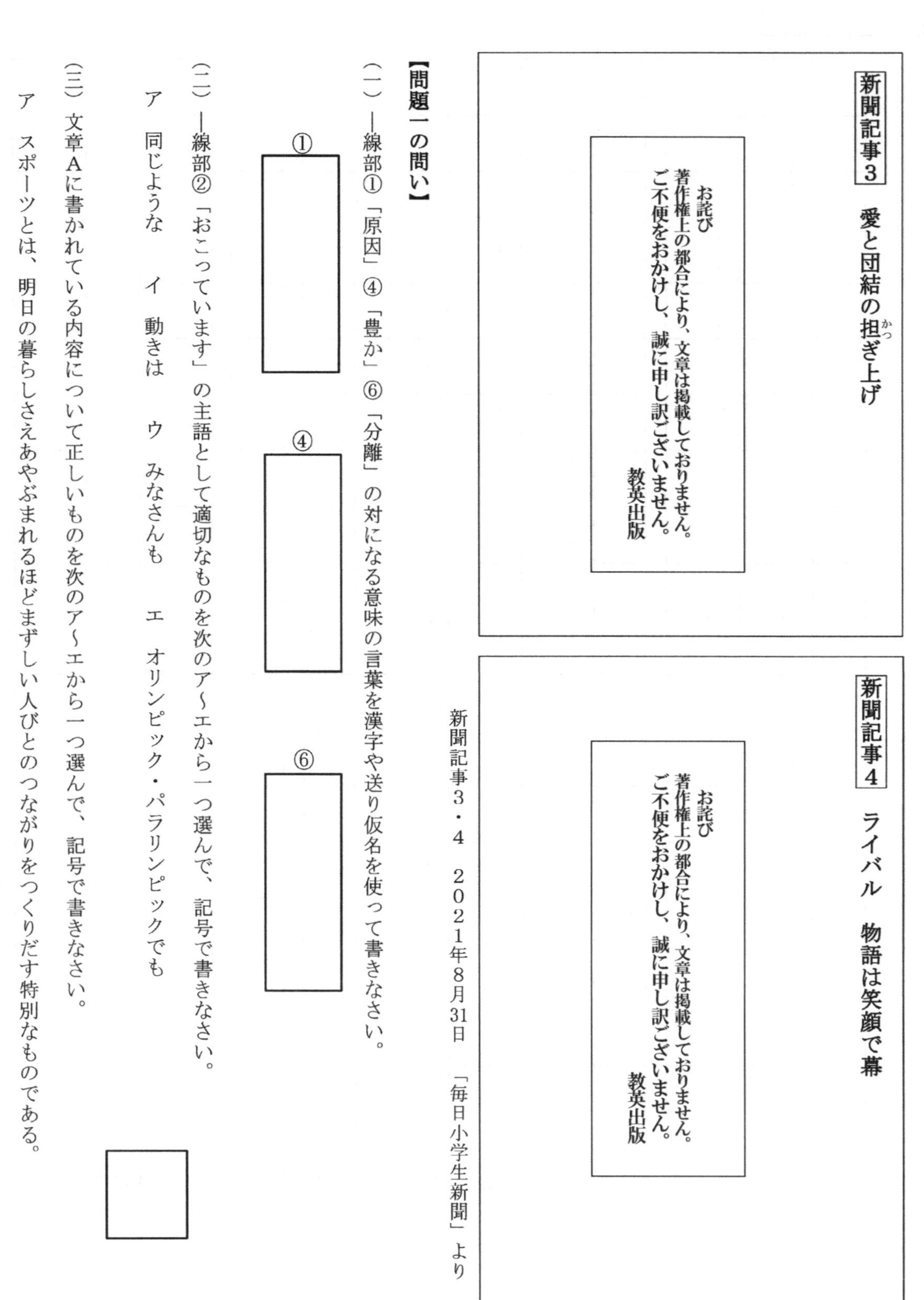

新聞記事3　愛と団結の担(かつ)ぎ上げ

お詫び
著作権上の都合により、文章は掲載しておりません。
ご不便をおかけし、誠に申し訳ございません。
教英出版

新聞記事4　ライバル　物語は笑顔で幕

お詫び
著作権上の都合により、文章は掲載しておりません。
ご不便をおかけし、誠に申し訳ございません。
教英出版

新聞記事３・４　２０２１年８月31日「毎日小学生新聞」より

【問題一の問い】

(一)　―線部①「原因」④「豊か」⑥「分離」の対になる意味の言葉を漢字や送り仮名を使って書きなさい。

①　④　⑥

(二)　―線部②「おこっています」の主語として適切なものを次のア〜エから一つ選んで、記号で書きなさい。

ア　同じような　　イ　動きは　　ウ　みなさんも　　エ　オリンピック・パラリンピックでも

(三)　文章Ａに書かれている内容について正しいものを次のア〜エから一つ選んで、記号で書きなさい。

ア　スポーツとは、明日の暮らしさえあやぶまれるほどまずしい人びとのつながりをつくりだす特別なものである。

イ　オリンピック・パラリンピックはスポーツを通じた人びとの「つながり」をつくりだし、世界平和を実現するという世界の人の

新聞記事1

今大会第1号　14歳山田選手　銀　メダル日本勢史上最年少

お詫び
著作権上の都合により、文章は掲載しておりません。
ご不便をおかけし、誠に申し訳ございません。
教英出版

新聞記事2

平和を目がけ走った　内戦経験　南スーダンのグエム選手　自己新

お詫び
著作権上の都合により、文章は掲載しておりません。
ご不便をおかけし、誠に申し訳ございません。
教英出版

新聞記事1　2021年8月27日
新聞記事2　2021年8月5日
「毎日小学生新聞」より

（4）右の折れ線グラフは，空気１㎥あたりにふくむことのできる水蒸気の最大量と温度の関係を表しています。空気が１㎥あたり 20g の水蒸気をふくんでいる場合，温度はおよそ何℃以上といえるか，グラフから読みとりなさい。

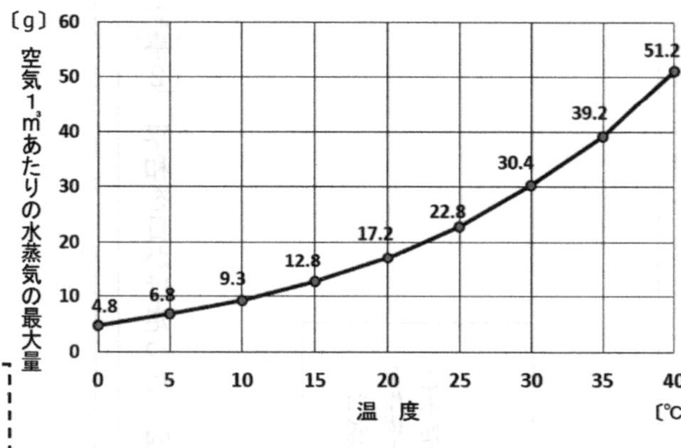

およそ　　　　℃以上

（5）（4）の空気を冷やすと，結ろができます。10℃まで冷やすと，１㎥あたり何gの水蒸気が結ろとなるか，グラフから求めなさい。

g

【問題２】　イギリスの科学者ファラデーが，市民や子供たちに向けて行った講演会をまとめた『ろうそくの科学』という本があります。次の問いに答えなさい。

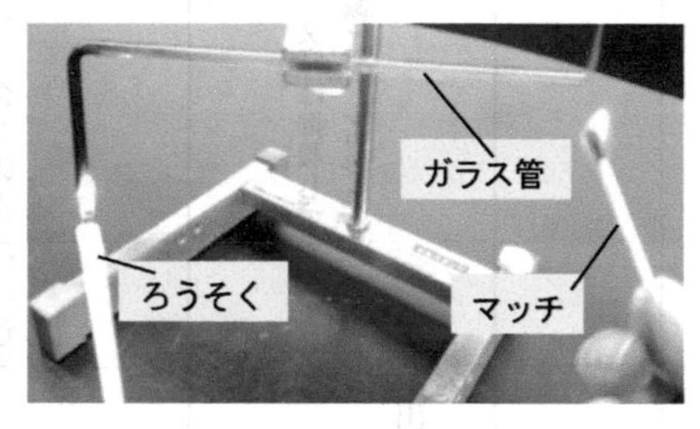

（1）右の写真は，ファラデーが行った実験の１つです。ろうそくのしんの付近にガラス管を差しこむと，反対側から白いけむりが出てきました。マッチの火をガラス管の先に近づけると，どうなると予想しますか。また，そのように予想した理由を書きなさい。

予想

理由

（2）ろうそくのほのおの周りにできる空気の流れを，２本以上の矢印で右の図にかき入れなさい。

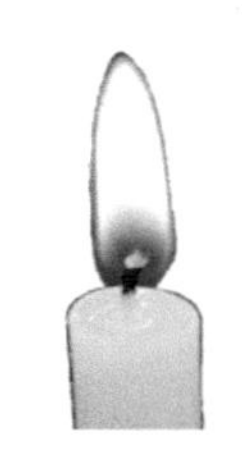

（3）（2）のような空気の流れに関係していることを，次のア～エからすべて選んで，記号で答えなさい。

ア　空気が十分にあれば，しんがなくなるまで，ろうそくは燃え続ける。

イ　ろうそくのろうは，固体→液体→気体へと姿を変える。

ウ　しんの近くのろうがとけ，側面はとけないため，ろうそくのてっぺんは，くぼんでいる。

エ　一番強く光っている部分は，すすが燃えている。

受験番号

2　社会分野

【問題１】　次のグラフと表を見て，あとの問いに答えなさい。

〔グラフ１〕４都県の昼間人口と夜間人口

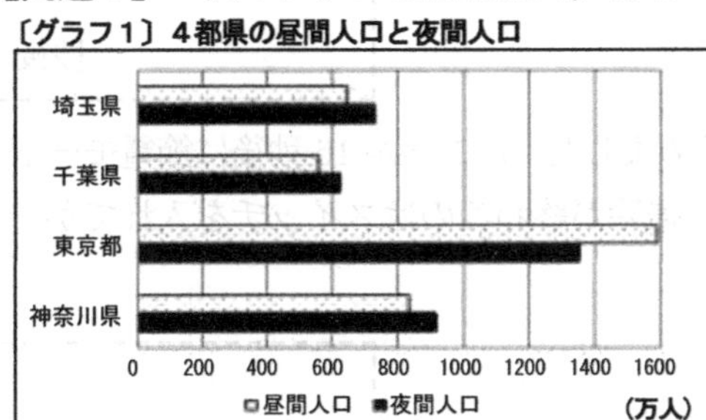

「国勢調査(2015)」より

〔表〕４都県の事業所数・大学数・短大数

	事業所数	大学数	短大数
埼玉県	14,360	28	13
千葉県	8,830	27	10
東京都	178,295	137	38
神奈川県	19,918	31	15

「経済産業省企業活動基本調査（2016），学校基本調査（2016）」より

〔グラフ２〕他都道府県からの転入者数から転出者数をひいた数

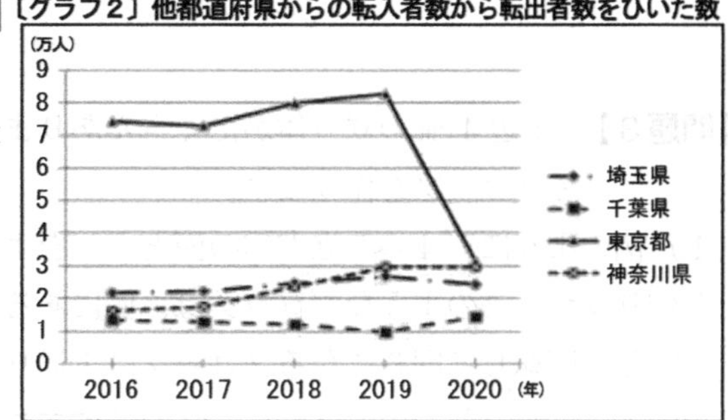

「住民基本台帳人口移動報告（2016～2020）」より

（１）東京都の昼間人口は，およそ何人か答えなさい。

（２）グラフ１と表を見て，正しいものを次のア～エから一つ選んで，記号で答えなさい。

ア　神奈川県の昼間人口は，９００万人をこえている。

イ　埼玉県の夜間人口は，東京都の夜間人口の２分の１以下である。

ウ　東京都の大学数は、他の３県の大学数の合計よりも少ない。

エ　東京都の事業所数は，千葉県の事業所数のおよそ２０倍である。

（３）東京都の昼間人口と夜間人口との差に関して，グラフ１と表から読み取れることを「～ので（から），～ということがわかる。」という書き方で答えなさい。

（４）グラフ２を見て，東京都の2020年の数値の変化について，考えられる理由とともに説明しなさい。

（3）掃除を始めてから，掃除ができている部分とできていない部分の面積の比が 11：5となったときにスイッチを止めました。これは，スイッチを入れてから何秒後か，答えなさい。

秒後

（4）次の日，ロボットが再び★の場所から動き始めました。ところが 16 秒後に節電モードに切りかわり，毎秒 60cm の速さに変わりました。掃除が終わるのはスイッチを入れてから何秒後か，答えなさい。

秒後

【問題３】 １辺４cmの立方体がたくさんあります。これらをくっつけたり，切り取ったりしてブロックを作ります。

（1）例のように，４つの立方体の面どうしをボンドでぴったりくっつけて１つのブロックを作ります。このようなブロックは，例にある２つをふくめて全部で何通りできますか。ただし，回転して同じになるブロックは１通りとして考えます。

例

通り

（2）（1）で作ったすべてのブロックの表面にペンキをぬります。１㎠ をぬるのにペンキ代が２円かかるとき，（1）で作ったブロックの中から一番安くペンキがぬれるブロックを１つ選んで，それにかかるペンキ代を答えなさい。

円

（3）立方体１つを地面におき，上の面の４辺のまん中の点を時計回りにそれぞれ点K，点L，点M，点Nとします。このうちの２点を結んだ直線ＫＬ，直線ＬＭ，直線MN，直線ＮＫに刃をあてて，下の面に垂直に切断したとき，残った四角柱の体積を求めなさい。

K

㎤

令和３年度

兵庫県立大学附属中学校

受験番号

(45分) 適　性　検　査　Ⅰ　(配点非公表)

1　算数

【問題１】 □ にあてはまる数を答えなさい。

（1）$2.6 \div \left(\frac{4}{3} - \frac{5}{7}\right) = \square$

（2）$\square \times \frac{35}{9} \div \frac{7}{12} = 60$

【問題２】　計算のきまりには，次のようなものがあります。

$(a \times b) \times c = a \times (b \times c)$

$(a + b) \times c = a \times c + b \times c$　　$(a - b) \times c = a \times c - b \times c$

この計算のきまりのいずれかを使って，くふうして次の計算をしなさい。また，答えを求めるためにくふうした途中の式をかきなさい。

（1）25×52

答え ＿＿＿＿

（2）$54 \times 555 + 55 \times 445$

答え ＿＿＿＿

受験番号

2 社会

【問題１】　花子さんは兵庫県と全国の農業について表やグラフをもとに調べました。

（1）次のグラフから読み取れることについて適切なものをア～エから一つ選んで，記号で答えなさい。

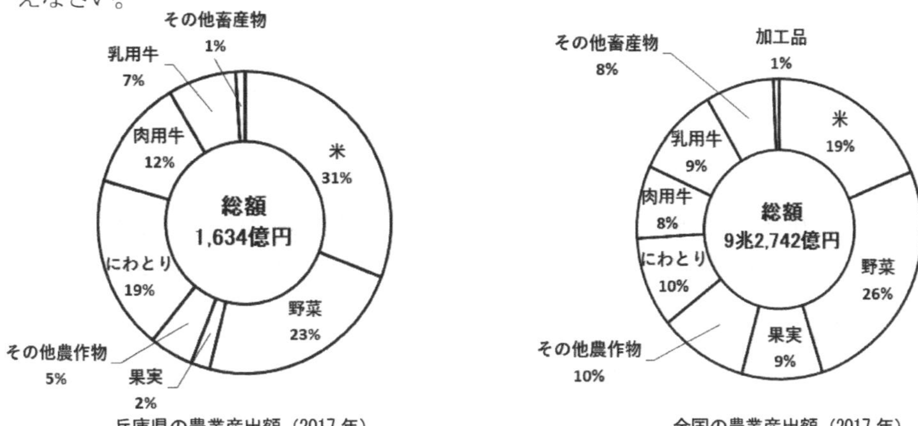

兵庫県の農業産出額（2017 年）　　全国の農業産出額（2017 年）

※農業産出額とは，それぞれの農産物の生産量にその価格をかけて計算した金額のことをいう。

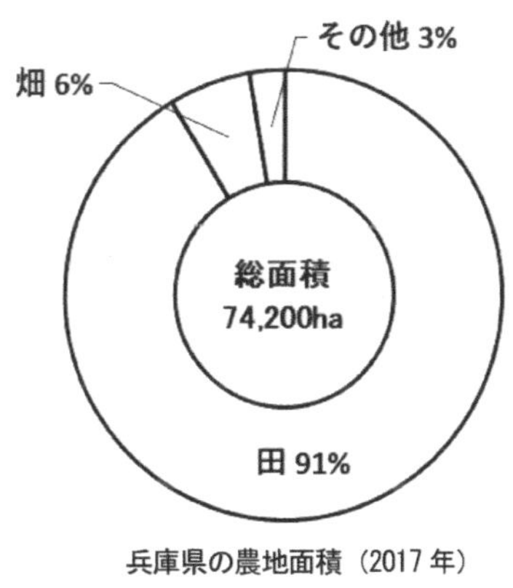

兵庫県の農地面積（2017 年）

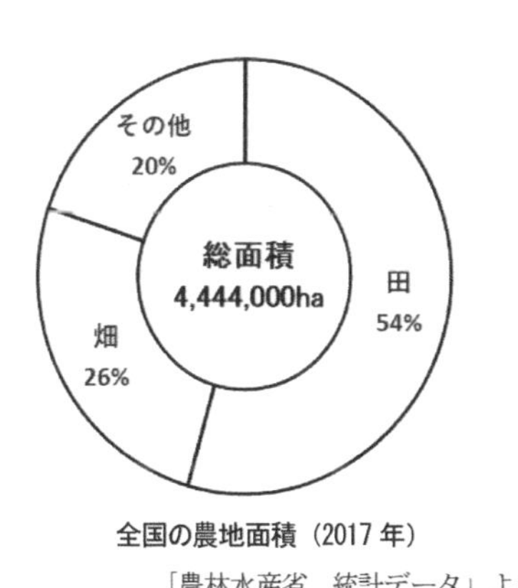

全国の農地面積（2017 年）

「農林水産省　統計データ」より

ア　兵庫県の田の面積は 65, 000ha 以下である。

イ　兵庫県の 1 ha 当たりの産出額は畑より田の方が約 8 倍多い。

ウ　兵庫県のにわとりの産出額は全国のにわとりの産出額の 3%以上をしめている。

エ　兵庫県の農作物(米，野菜，果実，その他農作物)の産出額は 1, 000 億円をこえている。

（4）下線部（b）に関して，アメリカ大統領（だいとうりょう）の国書をもって浦賀（うらが）に来航した人物名を書きなさい。また，この翌年に結ばれた条約名を漢字で書きなさい。

人物名
条約名

（5）＜A＞のできごとがおきたときに幕府が置かれていた場所と，＜B＞の蒸気船が来航した場所は，現在どちらも同じ都道府県にあります。その都道府県を下の地図中のア～カから一つ選んで，記号で答えなさい。また，その都道府県名を漢字で書きなさい。

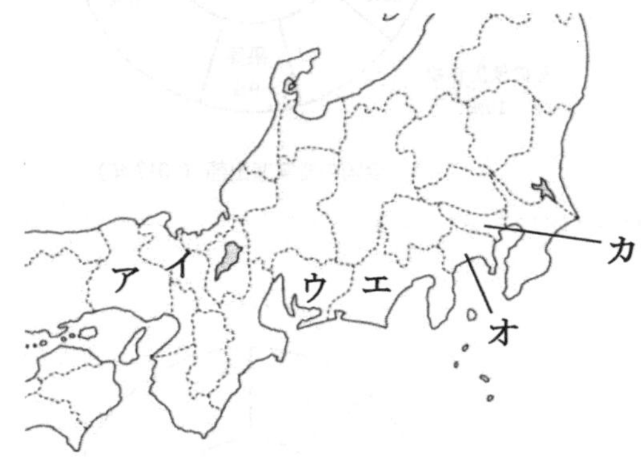

記号	都道府県名

令和３年度

兵庫県立大学附属中学校

(50分)　適　性　検　査　Ⅱ　(配点非公表)

受験番号

1　理科

【問題】　2012年7月，水せい生物実験装置が国際宇宙ステーションに設置されました。この装置は閉鎖(へいさ)した環境でメダカなどを飼育することができ，ミニ地球と呼ばれています。兵庫県立大学附属中学校でもプロジェクト学習でミニ地球をつくり，生物と環境についての研究を行っています。次の問いに答えなさい。

（１）夕方，空をながめていると，ゆっくり動く星のようなものが見えました。あとから調べてみると，星のように見えていたものは国際宇宙ステーションであるとわかりました。

① 国際宇宙ステーションが星のように光って見えるのはなぜか，書きなさい。

② 国際宇宙ステーションは時速27700kmのスピードで動いています。10秒間ながめているうちに何kmの距離を移動するか，求めなさい。
なお，10分の1の位までのがい数で書きなさい。

km

（２）国際宇宙ステーションでは，光電池をたくさん並べて太陽光発電を行い，電気をつくっています。図のように，光電池にプロペラ付きモーターをつないで，導線をつなぐ向きや光の強さを変化させたときのモーターの回り方を理科室で調べました。

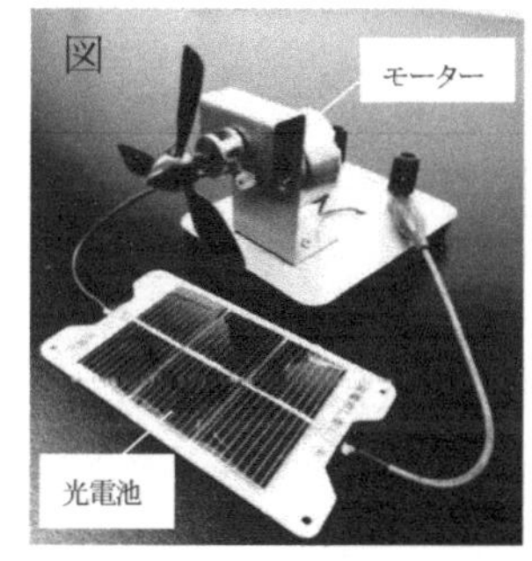

① 図のままではモーターが回転しなかったので，実験場所を太陽の光がよく当たる屋外に移しました。それでも回転しなかったので，同じ光電池をもう１つつなぐと回転しました。２枚の光電池をどのようにつなげば，モーターが回転するか，書きなさい。

② 次に，導線のつなぐ向きや，光の強さを変えてモーターの回転の様子を調べ，表にまとめました。このことから，光電池にはどのような特ちょうがあると言えるか，「電流」という語句を用いて，２つ書きなさい。

導線のつなぐ向き	光の強さ	モーターの回転の様子
逆向き	同じ	逆回転し，同じ速さで回った
同じ向き	強い	回転方向は同じで，速く回った
同じ向き	弱い	回転方向は同じで，ゆっくり回った

(三) 本文中の A と B にあてはまる文と文をつなぐ言葉として適切なものを次のア～オの中からそれぞれ一つ選んで、記号で書きなさい。

ア だから　イ また　ウ つまり　エ しかし　オ では

A

B

(四) ――線部⑤は、これまでどのようなことに役立っていましたか。本文中から十四字で抜き出して書きなさい。

(五) 新聞記事2の　　　に入ると考えられる見出しを十五字以内で書きなさい。

【問題二】

レジ袋の削減に取り組むことは、国連のかかげるＳＤＧｓ（持続可能な開発目標）17項目のうち「⑫つくる責任つかう責任」「⑭海の豊かさを守ろう」などにかかわるテーマとして、国内では二〇二〇年七月からすべての小売店にレジ袋有料化が義務づけられました。しかし、客の利便性や衛生面の配慮からレジ袋の無料配布を続けたり、すしのおけなど独特の形をした容器はエコバッグでは対応しにくいという事情もあり、有料化に向けての足なみは完全にはそろっていません。

あなたはレジ袋有料化の取り組みについて賛成ですか、反対ですか。次のグラフを参考にしてあなたの考えを書きなさい。
また、その考えの理由と根拠をあとの条件にしたがって書きなさい。

グラフ１

グラフ２

グラフ３

グラフ１～３
「朝日新聞　2020年9月13日，20日」より
（著作権の都合により省略）

《条件》

・最初の□の一文の（　　）に、賛成か反対かを書くこと。

受験番号

・二段落目に、理由のもとになった根拠（事実や経験）を二つ書くこと。
その際、二つ目の根拠の書き出しは「また、」から書き始めること。
・原稿用紙の書き方にしたがって書くこと。
・題名や名前は書かないこと。

私は、レジ袋有料化の取り組みについて、（　　　　　　　　　　）です。

原稿用紙

200

160

2 国語

【問題一】次のプラスチックに関する二つの新聞記事を読んで、あとの問いに答えなさい。

新聞記事1　「朝日小学生新聞　二〇二〇年四月六日」より（著作権の都合により省略）

新聞記事2　「朝日小学生新聞　二〇二〇年四月十一日」より（著作権の都合により省略）

【問題一】の解答用紙

（一）――線部②③④のカタカナを漢字に直して書きなさい。送り仮名がある場合はひらがなも書きなさい。

② ［　　］　③ ［　　］　④ ［　　］

（二）――線部①について、減らさなければならないプラスチックはどのようなプラスチックですか。十五字以上二十五字以内で書きなさい。

［　　　　　　　　　　　　　　　　　　　　］プラスチック

(3) 本来のミニ地球は，水草などの植物を入れる必要があります。水せい生物実験装置には植物の代わりにメダカの出す二酸化炭素とメダカがとり入れる酸素を交換（こうかん）する器具が取り付けられています。水草の気体の交換を調べるために，BTB 液を用いて，次の実験を行いました。なお，BTB 液は酸性で黄色，中性で緑色，アルカリ性で青色になります。

〔実験〕

1　ビーカーに入れた水に青色の BTB 液を入れ，ストローで息をふきこんで，緑色にしたものを，試験管 A〜C に入れる。

2　A，B に水草を入れてゴム栓（せん）をし，B は全体をアルミニウムはくでおおい，A〜C に日光を２時間当てる。

3　A〜C の BTB 液の色の変化を観察する。

4　A，B の水草の葉を試験管から１枚ずつとり出し，それぞれヨウ素液をかけて葉の色の変化を調べる。

	A	B	C
実験３の結果	青色	黄色	緑色
実験４の結果	青むらさき色	変化なし	

①　試験管 A の実験３の結果が表のようになったのは，実験１から考えると，試験管 A の中で，何という物質がどのように変化したためといえるか，書きなさい。

②　試験管 A の中で起こった変化が，水草のはたらきによることを確かめるには，B と C のどちらの試験管の結果と比べればよいか，記号で答えなさい。

③　この実験についてまとめた次の文のア，イにあてはまる語句を書きなさい。

植物も動物と同じように常に（　ア　）を行っているはずですが，①のような変化が見られました。これは，水草が（　ア　）を行うよりもさかんに別のはたらきを行っているためです。この別のはたらきは，実験４の結果から（　イ　）をつくることがわかります。

ア

イ

(4) 2020 年 10 月 6 日に地球との距離が約 6207 万km まで接近した火星は，私たち人類が移住できる可能性のあるわく星として注目されています。火星の大気のほとんどは二酸化炭素で，氷やドライアイスが存在していることがわかっています。人類が火星でも生きることができるようにするために必要なものを２つと，それを得るための方法についてここまでの問題の内容をもとに考えて書きなさい。

必要なもの	得るための方法

【問題２】 次の＜Ａ＞と＜Ｂ＞を読んで，あとの問いに答えなさい。

＜Ａ＞ みな心を一つにして聞きなさい。これが最後の言葉です。頼朝殿が平氏を征伐し，幕府を開いて以降，その御恩は山よりも高く，大海よりも深いものです。お前たちも（ａ）御恩に報いる気持ちはあるでしょう。ところが今，執権北条義時を討てという命令が，朝廷からだされました。名誉を重んじる者は，源氏三代の将軍が築き上げたものを守りなさい。上皇方につきたいと思う者は，今すぐ申し出なさい。

『吾妻鏡』より一部要約

＜Ｂ＞ 太平のねむけをさます上喜撰たった四はいで夜るもねられず

（解説）この歌は，（ｂ）1853年に来航した蒸気船とカフェインの作用でねむれなくなる高級緑茶「上喜撰」とをかけて，「鎖国」のねむりからさまされ，不安からねむれない人々と対応にこまっている幕府を風刺したものです。

（１）＜Ａ＞と最も関係の深いできごとを次のア～エから一つ選んで，記号で答えなさい。

ア 関ケ原の戦い　　イ 応仁の乱

ウ 壇ノ浦の戦い　　エ 承久の乱

（２）下線部（ａ）に関して，この時代の御家人たちにとっての「御恩」について説明しなさい。

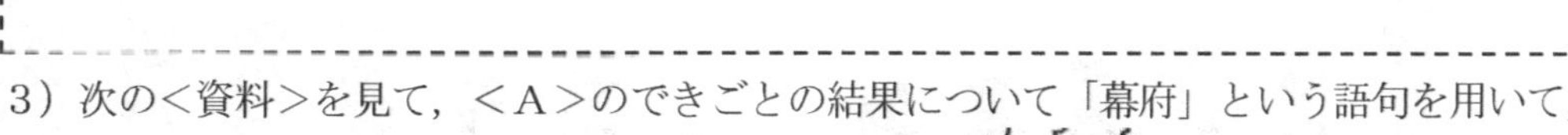

（３）次の＜資料＞を見て，＜Ａ＞のできごとの結果について「幕府」という語句を用いて，説明しなさい。

＜資料＞争いのあと新たに任命された地頭がいる国（着色部分）

（2）次に示した［　］内の語句をすべて用いて，表やグラフを見て読み取れる特ちょうとその特ちょうについて考えられる理由を説明しなさい。なお，語句は何度使用してもかまいません。

耕作時間　作付面積　生産量　整備

［表１］　10ａの水田にかかる１年間の費用の内わけ

（農家１戸の全国平均）

費用の内わけ	1970年（円）	2015年（円）
農家の収入や人件費	22, 875	34, 731
農機具の費用	88, 874	24, 898
共同の農業しせつや機械などにかかる費用	1, 521	12, 200
肥料費	4, 543	9, 318
農薬費	1, 480	7, 640
燃料費	874	4, 362
その他	4, 736	20, 893
費用合計	44, 903	114, 042

［グラフ１］　10ａあたりの年間耕作時間（全国平均）

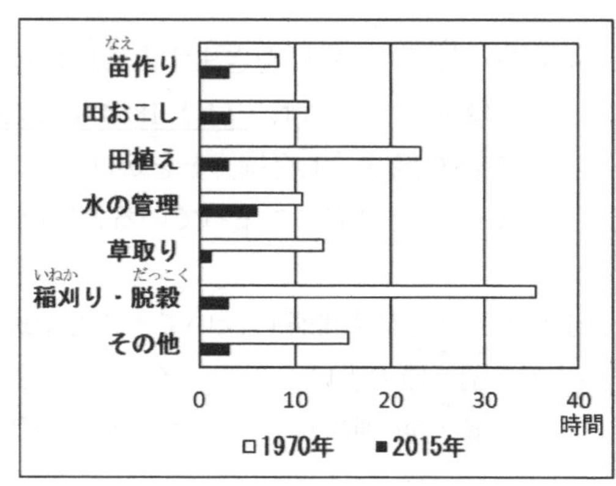

［グラフ２］　米の作付面積（全国）

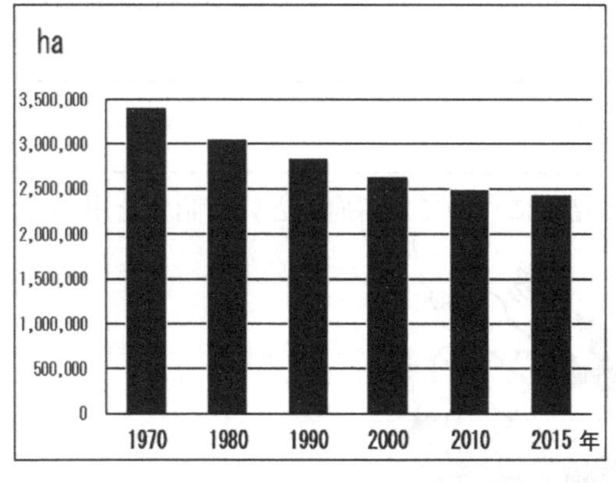

［グラフ３］　10aあたりの米の生産量の移り変わり（全国）

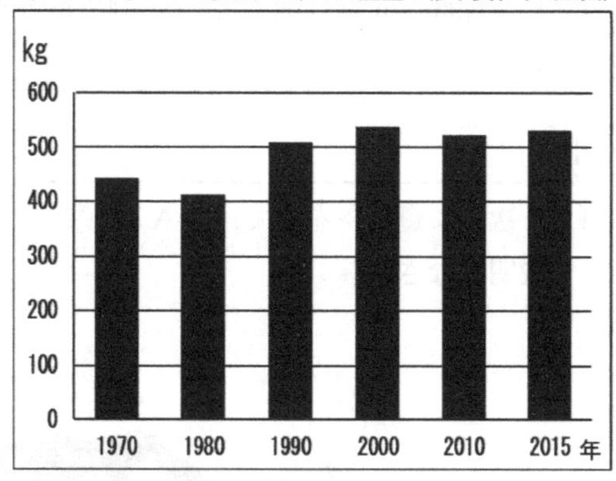

「農林水産省　統計データ」より

裏面へ

【問題３】　次の問いに答えなさい。

（１）池に沿った１周が 520m の道があります。ＡさんとＢさんが同じスタート地点から同時に反対方向に歩き始めました。Ａさんは分速 80m，Ｂさんは分速 70m で歩きました。２人が歩き始めてから，ＡさんとＢさんが最初に出会うまで何分何秒かかったか，求めなさい。

分　　　秒

（２）カメラを値段の２割引きで売ると 3000 円の利益があり，値段の 35%引きで売ると 600 円の利益があります。このカメラの値段を求めなさい。消費税は考えないものとします。

円

【問題４】　次の問いに答えなさい。

（１）下の正方形ＡＢＣＤにおいて，点Ｏは対角線ＡＣのまん中の点，点Ｅは辺ＢＣのまん中の点，点ＦはＯＣのまん中の点です。正方形ＡＢＣＤの面積が 120cm² のとき，三角形ＯＡＢと三角形ＯＥＦの面積をそれぞれ求めなさい。

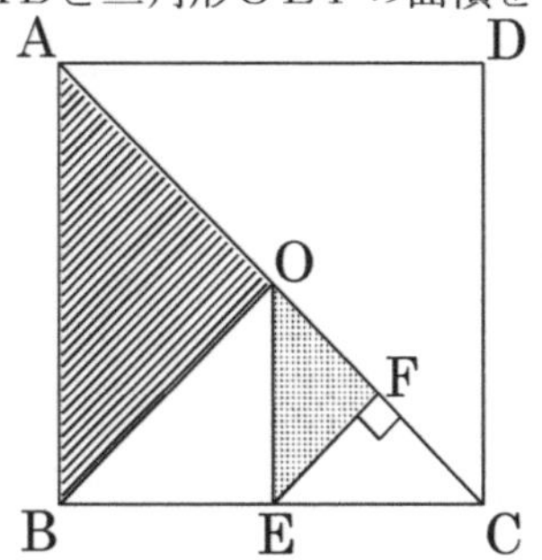

三角形ＯＡＢの面積

cm^2

三角形ＯＥＦの面積

cm^2

（２）下の正六角形ＡＢＣＤＥＦにおいて，点Ｏは対角線ＢＥとＣＦが交わった点，点Ｐは対角線ＢＥとＤＦが交わった点，点Ｑは対角線ＣＥとＤＦが交わった点です。正六角形ＡＢＣＤＥＦの面積が 180cm² のとき，四角形ＯＣＱＰの面積を求めなさい。

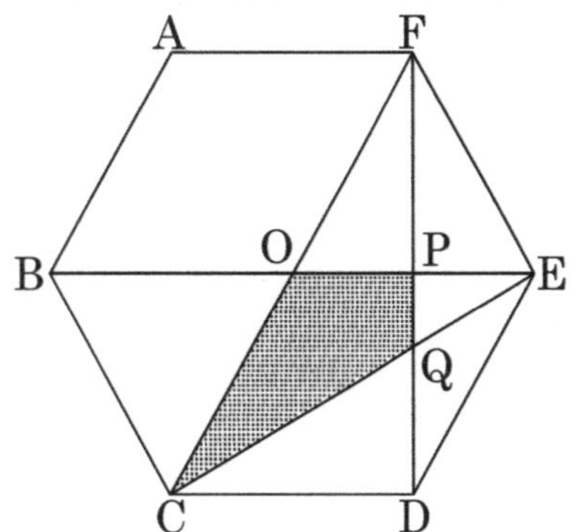

cm^2

令和２年度

兵庫県立大学附属中学校

適　性　検　査　Ⅰ

（45分）　　　　（配点非公表）

1　算数

【問題１】　次のＡ，Ｂ，Ｃには，左から２つまたは３つの数をそれぞれの入り口から入れると，その数を１回だけ使い，決まった計算をして，その計算結果を右に出す働きがあります。

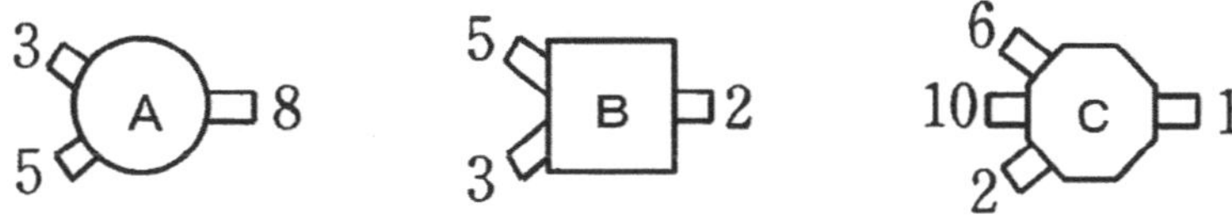

Ａ，Ｂ，Ｃにそれぞれ，どのような働きがあるのか考え，次の問いに答えなさい。

（１）次の①から③の計算結果を答えなさい。

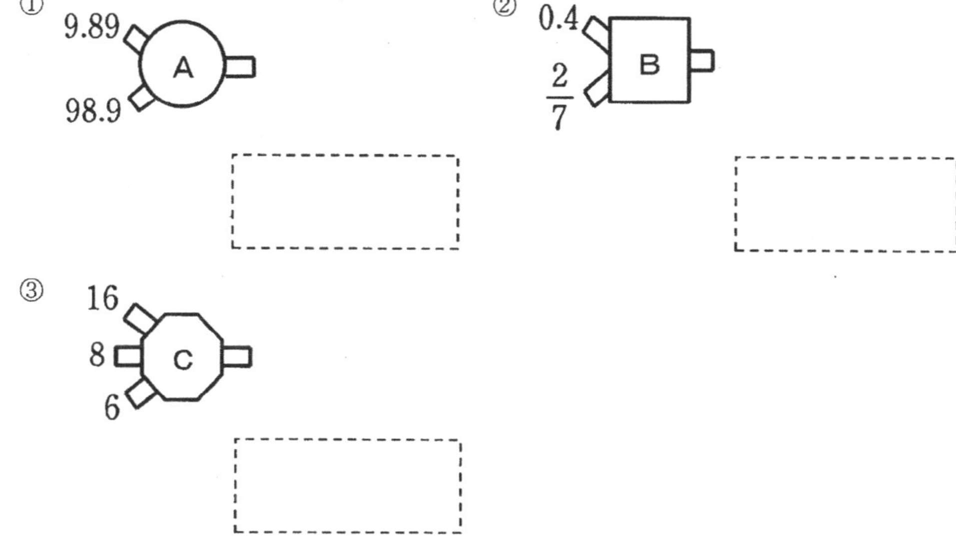

（２）次のようにＡとＣの計算結果をＢに入れると，Ｂの右から３が出てくるようにするには，どのような数を『ア』に入れればよいか，その数を答えなさい。

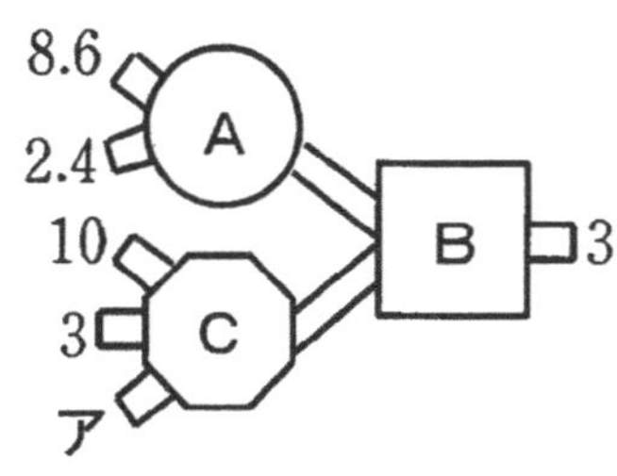

【問題２】　次の問いに答えなさい。

＜地図＞

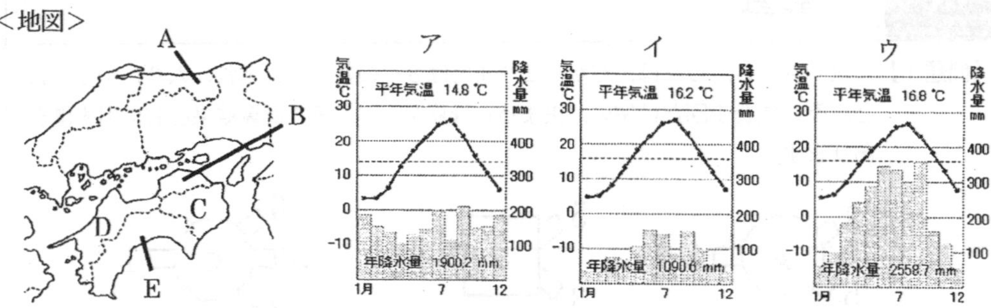

（1）＜地図＞中のＡ県の県庁所在地の気温と降水量をあらわすグラフをア～ウより選び記号で書きなさい。また，それを選んだ理由を書きなさい。

記号　　　　　理由

（2）次の表は，＜地図＞中のＢ～Ｅ県の主な農産物の生産量をあらわしたものです。Ｄ県にあたるものを表中のア～エの記号で書きなさい。

	米（t）	なす（t）	ピーマン（t）	みかん（t）
ア	58,700	29,900	11,900	7,040
イ	76,800	2,300	144	12,900
ウ	78,200	4,380	1,740	115,600
エ	63,600	9,020	833	10,300

〔農林水産省資料（2010）〕

（3）次の資料を参考にして，Ｅ県の農業生産額の変化について，気候や交通などの事情をふまえて，説明しなさい。

＜Ｅ県の農業生産額の割合の変化＞

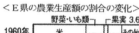

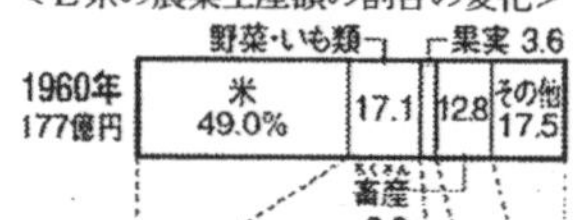

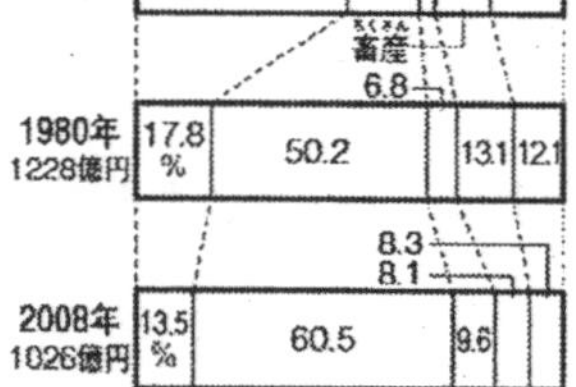

〔農林水産省統計表　平成21～22年，ほか〕

＜米の日本人１人あたりの年間消費量＞

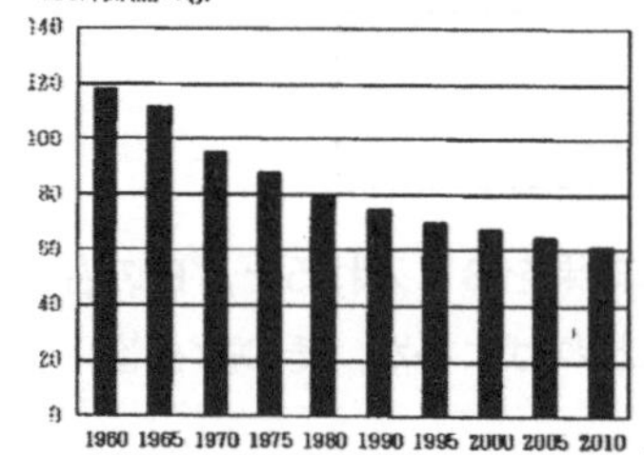

〔『米をめぐる状況について』平成27年３月農林水産省〕

＜本州四国連絡橋の開通年＞

児島－坂出	1988年全線開通
神戸－鳴門	1998年全線開通
尾道－今治	1999年全線開通

令和２年度

兵庫県立大学附属中学校

適　性　検　査　Ⅱ　（配点非公表）

（45分）

1　理科

【問題１】　2019 年は，アメリカの宇宙船「アポロ 11 号」に乗った宇宙飛行士が，人類で初めて月に降り立ってから50年という年でした。次の問いに答えなさい。

（1）月には，岩石や砂が一面に広がり，円形のくぼみが見られます。このくぼみがどのようにしてできたかを書きなさい。

（2）図のア～クは，地球の周りを回る月の位置を表しており，太陽光が当たっていない部分を黒くぬりつぶしています。夕方，月にある円形のくぼみを望遠鏡で観察するとき，ア・ウ・オの３つの月の位置のうち，もっとも観察に適しているのはウの位置です。太陽光の当たり方に注目して，その理由を書きなさい。また，ア・オの位置が観察には適さない理由を書きなさい。

ウが適する理由
アが適さない理由
オが適さない理由

（3）アポロ 11 号の月面着陸船が月に降り立った日，月は図のウの位置付近にありました。月面に着陸したのは，日本時間では明け方（午前５時頃）でした。このとき，日本で観察した月のようすについて，正しいものを次の①～⑤から選び，記号で答えなさい。

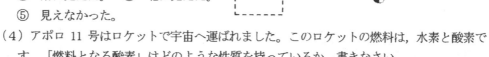

①　東に見えた。　②　西に見えた。
③　南に見えた。　④　北に見えた。
⑤　見えなかった。

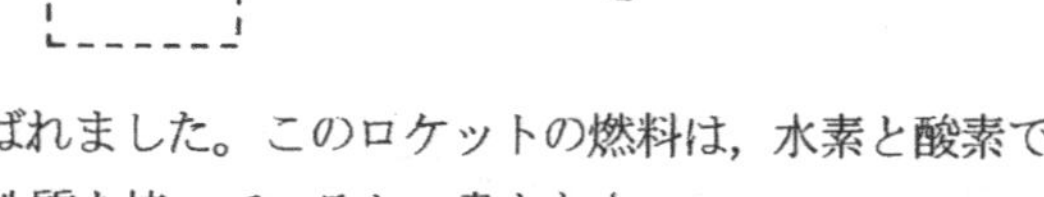

（4）アポロ 11 号はロケットで宇宙へ運ばれました。このロケットの燃料は，水素と酸素です。「燃料となる酸素」はどのような性質を持っているか，書きなさい。

2 国語

※原稿用紙非公表

【問題一】　次の文章を読んであとの問いに答えなさい。1～8は段落番号です。

※説明文に関する読み取り問題
※著作権の都合により問題省略

【問題二】　「情けは人のためならず」は、「人に情けをかけると、結局は自分のためになる」ということを表すことわざです。しかし、このことわざを「人に情けをかけると結局はその人のためにならない」とあやまった意味で使っている人が多くいることが、グラフのように文化庁の年代別の調査で明らかになっています。次の条件にしたがって作文しなさい。

《条件》
・二百四十字以上三百字以内で左の原稿用紙に書くこと。
・一段落目に、グラフを見てあなたが読み取ったことや、気づいたことを書くこと。
・二段落目に、読み取ったこと、気づいたことに対するあなたの考えを書くこと。
・題名や名前は書かないこと。
・原稿用紙の書き方にしたがって書くこと。
・表の数値を書く時は、《例》のように書くこと。

《例》

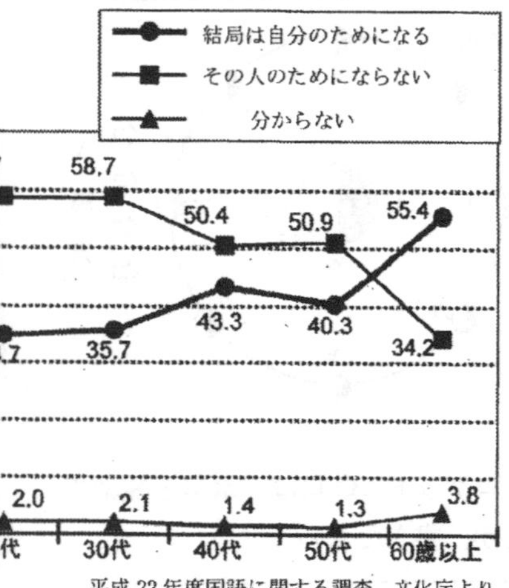

平成22年度国語に関する調査　文化庁より

%
70
60
50
40
30
20
10
0
1

（5）2019年に見られた満月のうち，2月20日の月は，見かけの大きさがもっとも大きく，テレビや新聞では「スーパームーン」としてニュースになっていました。また，2019年9月14日の月は見かけの大きさがその年の最小の満月でした。満月の見かけの大きさがこのように変化する理由を具体的に書きなさい。

【問題2】　食塩とミョウバンを，水100gにどれだけとかすことができるかを温度を変えて調べ，次の表にまとめました。次の問いに答えなさい。

〈表〉水100gにとかすことのできる量

温度(℃)	0	20	40	60	80
食塩(g)	37.6	37.8	38.3	39.0	40.0
ミョウバン(g)	5.7	11.4	23.8	57.3	320.9

〈図〉

（1）水の量をはかるために図の器具を使った。この器具について，次の文の①～③にあてはまる言葉を書きなさい。

図の器具は，［①　　　］といい，［②　　　］な台の上に置き，液面を［③　　　］から見ながら，液体の体積をはかる。

（2）ミョウバンをこれ以上とかすことのできない40℃の水よう液100gには，ミョウバンはおよそ何g含まれているか，求めなさい。10分の1の位までのがい数で書きなさい。

［　　　　g］

（3）60℃の水 100gに食塩とミョウバンを1つのビーカーにそれぞれ限界までとかし，これを20℃まで冷やしました。

① 水よう液からとけきれなくなって出てきたミョウバンの重さは何gか，求めなさい。

［　　　　g］

② 水よう液を冷やしてもほとんど食塩は出てきませんでした。水よう液を冷やす以外で，食塩とミョウバンをとり出す方法を書きなさい。

2　社会

【問題１】　次の問いに答えなさい。

（１）次の文の「わたし」とは，だれのことですか。人物名を漢字で書きなさい。

ア　わたしは，①本能寺(ほんのうじ)で家来の明智光秀(あけちみつひで)にせめられ，みずから命をたちました。

ア

イ　わたしは，鎌倉幕府(かまくらばくふ)を開いた人物の弟で，②壇ノ浦(だんのうら)で平氏(へいし)を滅亡(めつぼう)に追い込みました。

イ

ウ　わたしは，仏教の力により国を治めようと考え，東大寺(とうだいじ)に大仏をつくりました。

ウ

エ　わたしは，執権(しっけん)となり，元(げん)からの要求を退け，九州の守りを固め，２度にわたって元の大軍と戦いました。

エ

オ　わたしは，③松阪(まつさか)の医師で，日本人とは何かということを考え，「古事記(こじき)」や「源氏物語(げんじものがたり)」など日本の古典を研究しました。

オ

（２）ア～オに書かれている内容を年代の古い順に並びかえなさい。

→　→　→　→

（３）（１）の文中の下線部①～③と最も関係のある府県名を漢字で書きなさい。また，その場所を<地図>中の**１**～**８**の番号で書きなさい。

<地図>

①府県名	番号
②府県名	番号
③府県名	番号

【問題２】　次の問いに答えなさい。

（1）子ども会で，動物園と植物園に行くことになりました。参加を申し込んだのは 96 人で，そのうち，動物園は 64 人，植物園は 58 人でした。両方に行く人は 300 円，一方だけに行く人は 200 円を集めることになりました。合計金額を求めなさい。

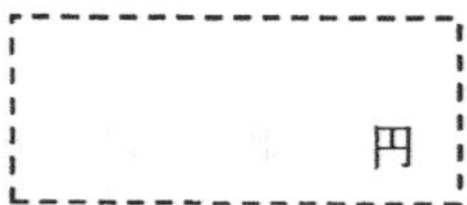

（2）A さんは自宅から 4.6 ㎞はなれた公園に自転車で行きます。最初の 3 ㎞は分速 250m，残りは分速 200m で行きます。このとき，A さんは自宅から公園まで時速何㎞で行くことになるか求めなさい。

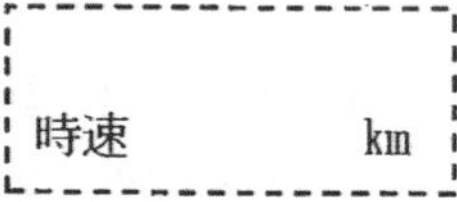

（3）B さんは，ある本を 1 日目は全体の$\frac{1}{4}$読みました。2 日目は残りの$\frac{2}{5}$を読み，3 日目は残りの$\frac{5}{9}$を読んだところ，24 ページ残りました。この本のページ数を求めなさい。

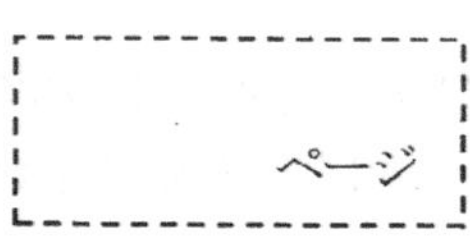

【問題３】　次の図形の色のついた部分の面積を求めなさい。円周率は 3.14 とします。

（1）

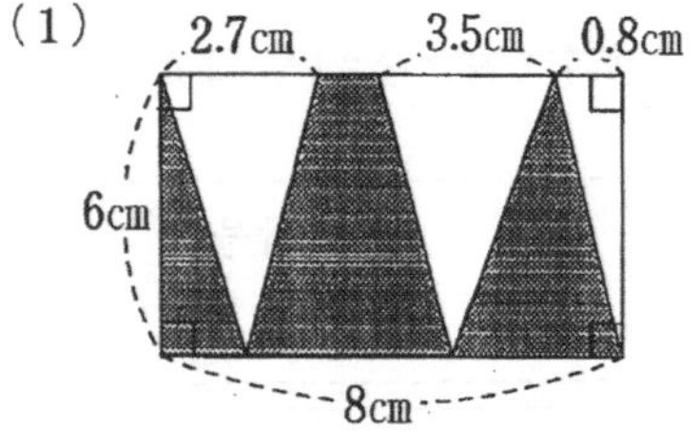

（2）

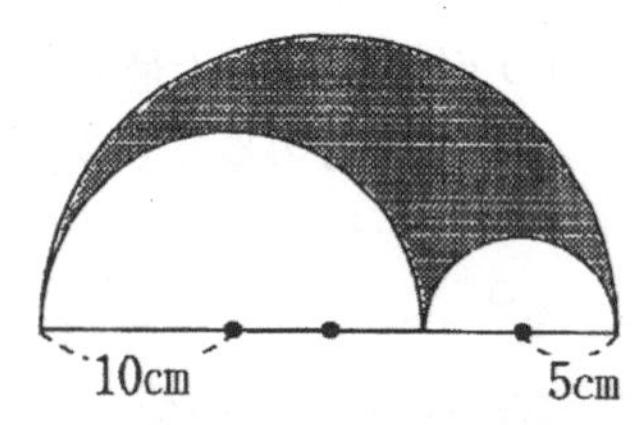

cm²

平成31年度

兵庫県立大学附属中学校

適　性　検　査　Ⅰ

（45分）　　　　　　　　　　　　　　　　　　　　　　　　（配点非公表）

1　算数

【問題１】　次の□にあてはまる１けたの整数をかき入れなさい。

(1)　$0.2 \div 0.03 = \square \dfrac{\square}{\square}$

(2)　$357 - 17 \times \square = 238$

(3)　$\dfrac{1}{4} + \dfrac{1}{\square} = \dfrac{13}{24} - \dfrac{1}{\square}$

(4)

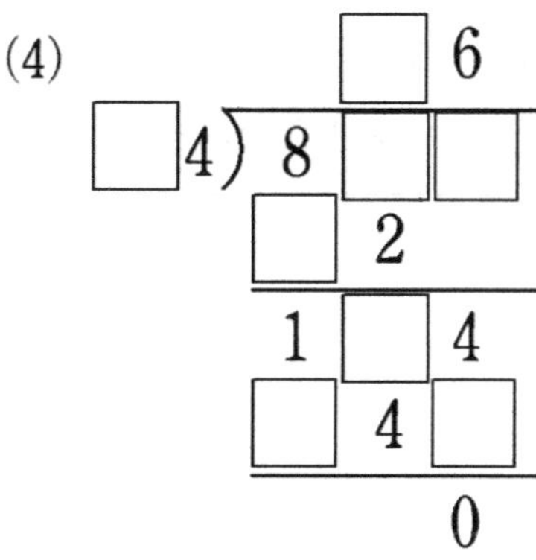

【問題２】　下の図のように，角Ａと角Ｂの大きさが 90°の台形ＡＢＣＤがあります。点Ｐは毎秒 2cm の速さで点Ａを出発して，台形の辺上を点Ｂ，点Ｃを通って，点Ｄまで移動します。このとき，三角形ＡＰＤの面積の変化を表すグラフをかきなさい。

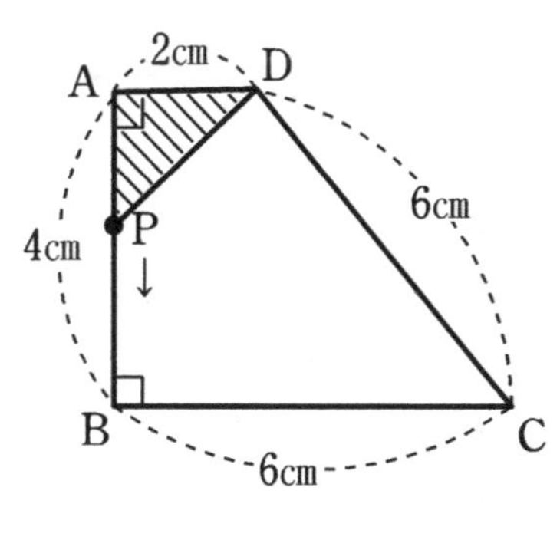

（cm²）
6
5
4
3
2
1
O　1　2　3　4　5　6　7　8　9（秒）

わたしたちの体には肺があります。肺のつくりやはたらきについて考えました。

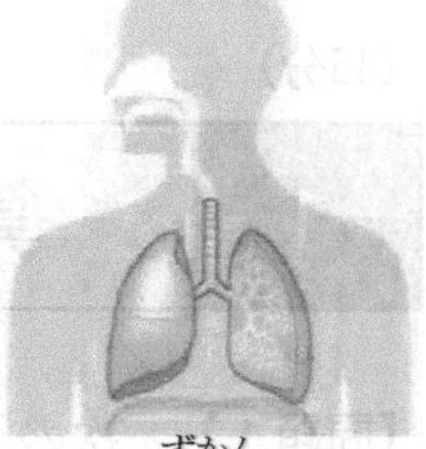

（人体図鑑（ずかん）より）

【問題４】 肺のはたらきについてまとめました。次の文章中の①～④にあてはまることばを書きなさい。

『吸いこんだ空気は肺に入り，空気中の（①）の一部が（②）の中に取り入れられ，体の各部分に運ばれる。また，体内に不要な（③）が肺から出される。はき出した息には，ちっ素，（①）や（③）のほかに（④）も多くふくまれている。』

①（　　　　　　）　②（　　　　　　）
③（　　　　　　）　④（　　　　　　）

【問題５】 はき出す息と吸いこむ空気を比べ，はき出す息に多くふくまれている気体を調べます。あなたならどのようにして調べますか。その方法と結果を書きなさい。

【問題６】 肺のつくりを調べると，右の図のような肺ほうという小さなふくろがたくさんあることがわかりました。どうしてこのようなつくりになっているのかを書きなさい。

（人体図鑑より）

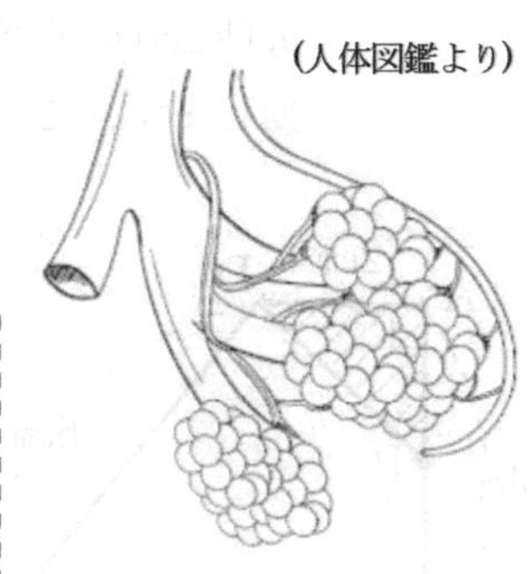

図中の丸い部分が肺ほうです。

平成31年度

兵庫県立大学附属中学校

適　性　検　査　Ⅱ

(45分)　　　　　　　　　　　　　　　　　　　　　　　　(配点非公表)

1　社会

【問題１】　資料１，資料２を見て，あとの問いに答えなさい。

資料１

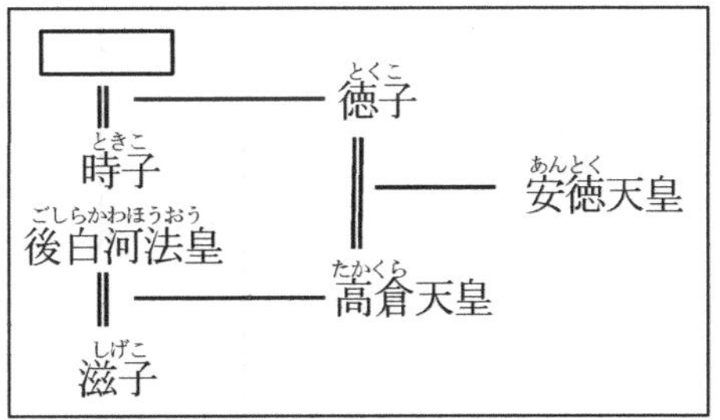

系図中の‖は結婚の間がら，━は親子の間がらを表しています。

資料２

(1018年10月16日)今日は藤原威子(ふじわらのいし)が後一条(ごいちじょう)天皇のきさきとなる日である。威子は藤原道長(みちなが)の三女で，一家から３人の娘がきさきになる例はこれまでにないことである。

(中略) 式が終わってから道長は次の歌をよまれた。

<u>この世をば我が世とぞ思う望月(もちづき)の</u>
<u>欠けたることもなしと思えば</u>

(『小右記(しょうゆうき)』藤原実資(さねすけ)の日記をわかりやすくあらわしたもの。一部は原文)

(１) 資料１の□は，武士としてはじめて太政大臣(だいじょうだいじん)となり，また，今の神戸(こうべ)の港を整備し中国(宋(そう))と貿易を行った人物です。その人物名を漢字で書き，読みがなも書きなさい。

＜人物名＞　　　　　　　　　　＜読みがな＞

(２) 資料２の — の歌には，藤原道長のどのような思いがこめられているか，道長の社会的地位を考え，書きなさい。

(３) (１) の人物と藤原道長は，同じようなやり方で権力を強めていきました。資料１と資料２をもとに，そのやり方について説明しなさい。

2 国語

【問題一】 次の文章を読んであとの問いに答えなさい。

※説明文に関する読み取り問題
※著作権の都合により問題省略

【問題二】 あなたの心に残っている「だれかの言葉」を一つ挙げなさい。その言葉はあなたにどのような力を与えましたか。そして、その力を今後どのように生かしていこうと思いますか。二百四十字以上三百字以内で左の原稿用紙に書きなさい。

（注意）

・原稿用紙の書き方にしたがって書くこと。
・題名や名前は書かないこと。

【問題２】　地図と資料を見て，あとの問いに答えなさい。

地図

（1）地図中 ／ の山地名を漢字で書きなさい。

山地

（2）地図中①の府県の県庁所在地名を漢字で書きなさい。

（3）下の資料は，地図中の①，②，③の府県における米，野菜，果実，畜産（ちくさん）の生産額，漁業生産額（海で行う漁業のみ）を表しています。②と③の府県を表しているものを資料中のア～ウから選び記号を書きなさい。また，その府県名を漢字で書きなさい。

資料

	米（億円）	野菜（億円）	果実（億円）	畜産（億円）	漁業（億円）
ア	216	165	72	411	313
イ	302	79	5	112	-
ウ	76	156	581	49	94

（第 89 次農林水産省統計（2014）より）

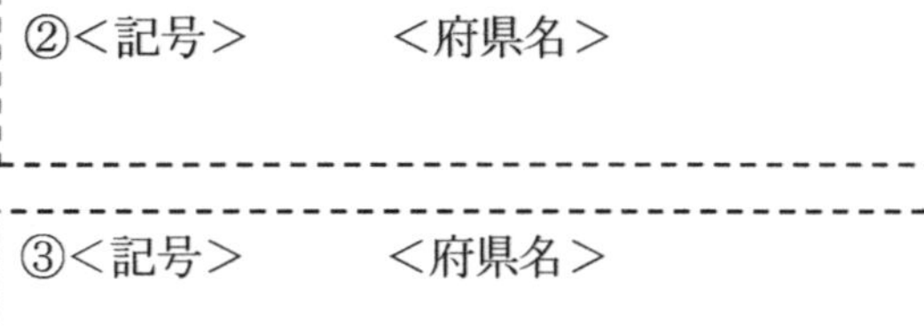

（4）④の府県の初代知事で，日本の内閣総理大臣にもなった人物名を漢字で書き，読みがなも書きなさい。

＜人物名＞　　　　＜読みがな＞

【問題３】　日本の農業と漁業に関する下の２つの資料のうち，棒グラフは，それぞれ働く人の数（万人），折れ線グラフは，働く人のうち６５歳（さい）以上の人の割合（％）を表しています。これらから，農業，漁業に共通している問題点を読み取り，書きなさい。

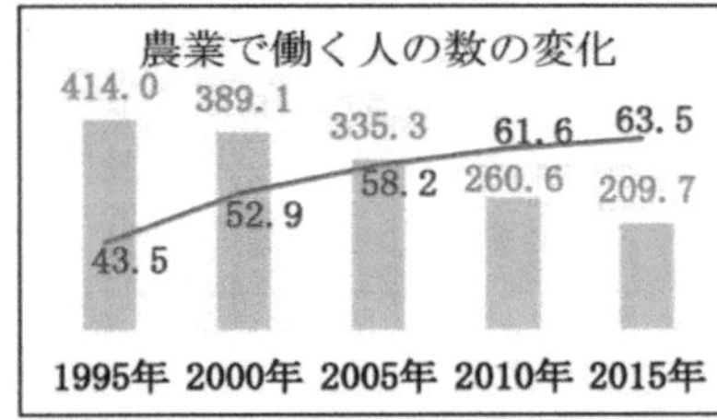

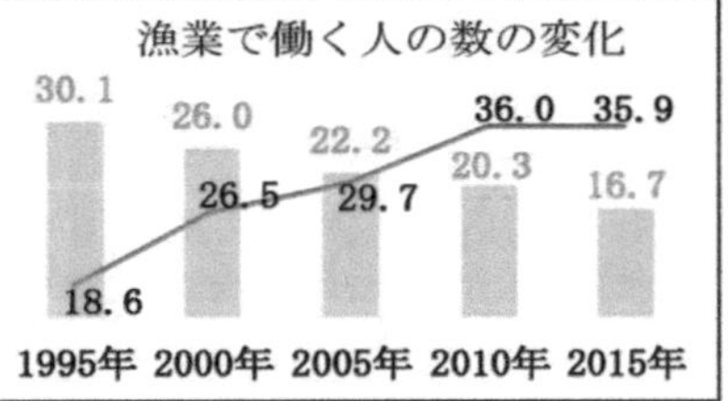

（農林水産省ホームページより）

2　理科

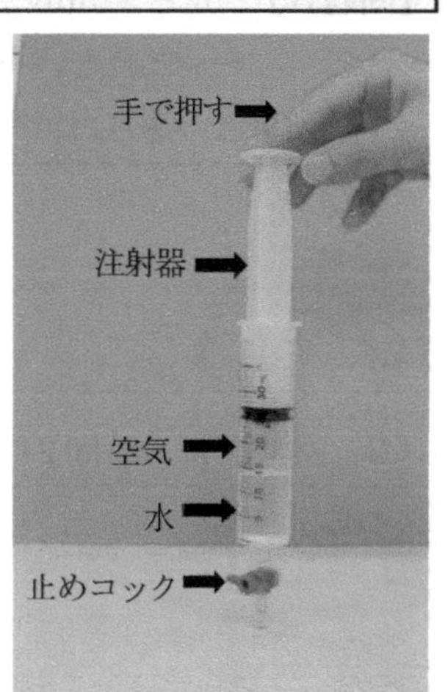

右の図のように，注射器の中に水と空気を入れ，手で押さえてそのときの手ごたえや空気と水の体積の変化について調べました。

【問題１】　手で押さえて力を加えたときの手ごたえやそれぞれの体積の変化について下のア～カから，正しいものを２つ選び記号で書きなさい。

ア　押し返される力は感じない。
イ　押し返される力を感じる。
ウ　空気も水も体積は変わらない。
エ　空気の体積は小さくなるが，水の体積は変わらない。
オ　空気の体積は変わらないが，水の体積が小さくなる。
カ　空気も水も体積が小さくなる。

【問題２】　とじこめた空気に力を加えたときの性質を利用したものに，たとえば「空気入れ」があります。このほかにどのようなものがありますか。３つ書きなさい。

（　　　　　　　）（　　　　　　　）（　　　　　　　）

【問題３】　ペットボトルを使って右の図のようなロケットを作りました。とじこめた空気や水の性質をもとに，ペットボトルロケットがどうして飛ぶのか，そのしくみをまとめました。
次の文中の①～③にあてはまる１０字程度のことばを書きなさい。

『空気をペットボトルにたくさん入れると（①），その空気が（②）ときに，（③）によってロケットは飛ぶ。』

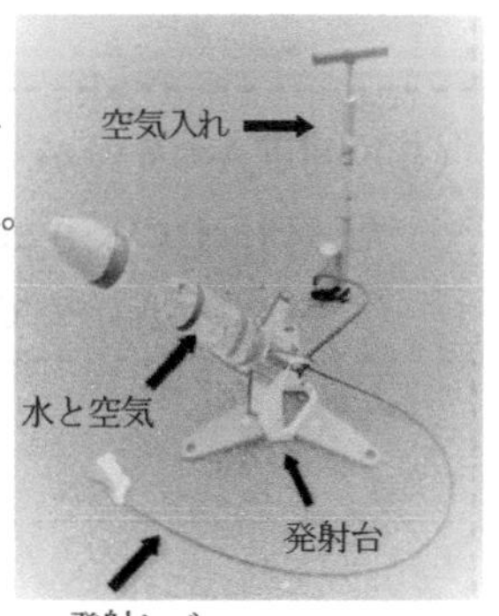

発射レバー

①（　　　　　　　）
②（　　　　　　　）
③（　　　　　　　）

【問題３】 長さ125mの列車Aは，270㎞の道のりを３時間で走ります。次の問いに答えなさい。ただし，列車は常に同じ速さで走るものとします。

（1）列車Aの速さは，時速何㎞か求めなさい。

(式)

(答え)

（2）列車Aは１時間24分で何㎞進むか求めなさい。

(式)

(答え)

（3）列車Aがx時間でy㎞進むとする。yをxの式で表しなさい。また，xとyの関係を何といいますか。

(答え) 式　　　　関係

（4）列車Aの速さは秒速何mか求めなさい。

(式)

(答え)

（5）列車Aの先頭が，となりの線路を同じ方向に走る列車Bに追いつき，追いぬき始めました。列車Bの長さは100m，速さは時速81㎞です。列車Aが，列車Bを完全に追いぬくのは，追いぬき始めてから何分何秒後か求めなさい。

(式)

(答え)

受 験 番 号

平成30年度

兵庫県立大学附属中学校

適 性 検 査 Ⅰ

（9:40～10:25）

（注意）

1．「はじめ」の合図があるまで，この用紙にふれてはいけません。
2．「はじめ」の合図があったら，まず，表紙とすべての問題用紙の，左上の指定された場所に受験番号を記入しなさい。
3．この検査は，どの問題から始めてもかまいません。
4．答えは，問題に続く［　　］でかこまれた場所に記入しなさい。
5．この問題用紙の余白（問題や図などが印刷されていないところ）は，メモや計算などに使ってもかまいません。
6．問題文や答えなどを声に出して読んではいけません。
7．印刷が悪くてわからないときや筆記用具を落としたときなどは，静かに手をあげなさい。
8．時間内に答えを書き終わっても，そのまま着席していなさい。
9．「やめ」の合図があったら，すぐに書くのをやめ，すべて表を向け，表紙を一番上にして，机の上に置きなさい。

【問題２】　下の展開図を組み立ててできる立体について，次の問いに答えなさい。答えを求める式もかきなさい。

（1）組み立てたとき，点Aと重なる点をB～Fの中からすべて求めなさい。

(答え)

（2）アの面の面積を求めなさい。

(式)

(答え)

（3）この立体の体積を求めなさい。

(式)

(答え)

（4）この立体のイの面を底面として置き，水面までの高さが５㎝になるように水を入れたとします。何㎤の水が必要か求めなさい。

(式)

(答え)

（5）（4）の水を入れたまま，この立体のウの面が底面になるように置いたとします。このとき水面までの高さは何㎝になるか求めなさい。

(式)

(答え)

受 験 番 号

2 理科

【問題1】 以下のような実験を行いました。次の問いに答えなさい。

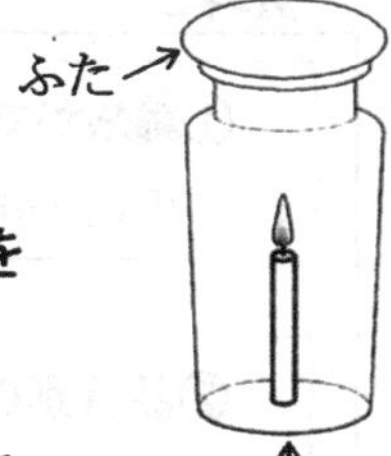

〔実験1〕 右の図のように，ろうそくに火をつけてびんの中に入れ，ふたをしました。しばらくすると，ろうそくの火が消えました。

（1）実験1で，ろうそくを入れる前，びんの中の空気に一番多くふくまれる気体は何ですか。

（2）実験1でろうそくを燃やすと，何という気体が発生しますか。また，発生した気体が何かを確かめる方法と，その結果も答えなさい。

気体名　　　　　　　　確かめる方法と結果

〔実験2〕 右の図のように，つつ①の中にろうそくA，Bを，つつ②の中にろうそくC，Dを入れ，すべてのろうそくに同時に火をつけ，ふたをしました。つつ①は15cmほどの長さで，つつ①とつつ②は同じ太さです。また，ろうそくAとC，ろうそくBとDはそれぞれ同じ長さ，太さです。

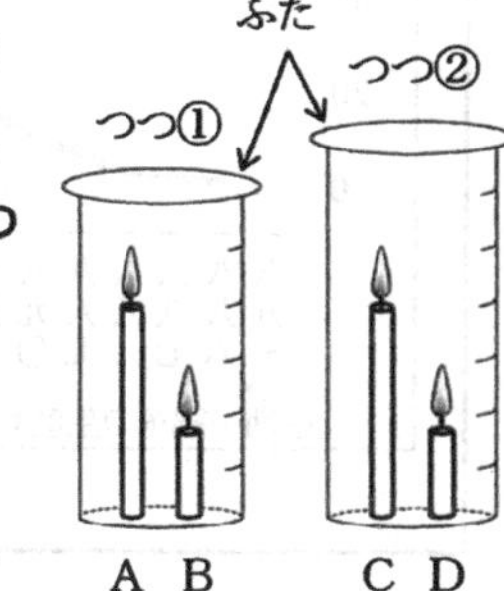

（3）実験2で，ふたをしたあと，しばらくするとすべてのろうそくの火が消えました。ろうそくの火が消えた順番を答えなさい。また，そのように考えた理由も書きなさい。

消えた順番

理由

受験番号

新幹線で通過した地域には，明治時代に紡績業(ぼうせき)がさかんだったところがありました。そこで，太郎さんは，日本の紡績業について調べ，次の資料を集めました。

資料２

綿花→綿と種に分ける→綿を並べてより合わせる→綿糸

②品目別の輸入の割合（%）

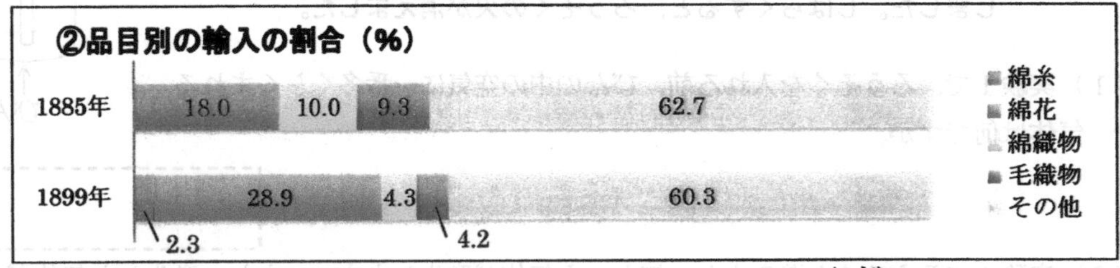

（『詳説(しょうせつ)日本史』山川出版社より）

③綿糸の生産と輸出入のうつりかわり

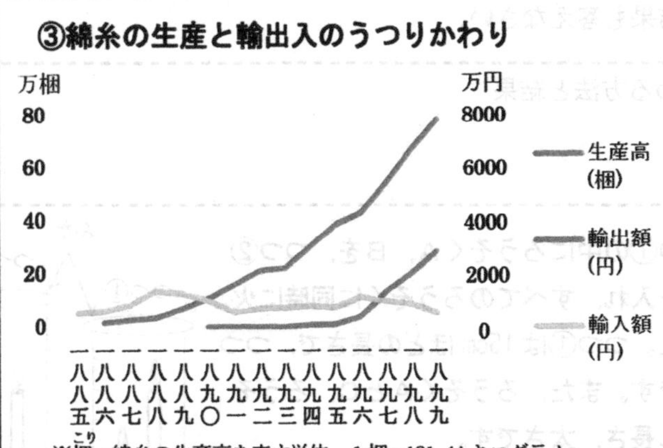

※梱(こり)…綿糸の生産高を表す単位。１梱＝181.44 キログラム。

（飯島幡司(いいじままんじ)『日本紡績史』より）

④1883 年に開業した紡績会社のようす

（『詳説日本史』山川出版社より）

【問題５】　資料２の**②品目別の輸入の割合**を表すグラフの 1885 年と 1899 年を比べると，綿糸の割合が減り，綿花の割合が増えていることがわかります。その理由について，**③綿糸の生産と輸出入のうつりかわり**を表したグラフと**④1883 年に開業した紡績会社のようす**の写真を見て，あなたの考えたことを書きなさい。

受験番号

平成30年度

兵庫県立大学附属中学校

適性検査Ⅱ・作文

※作文の問題は非公表

（10:50～11:35）

（注意）

1．「はじめ」の合図があるまで，この用紙にふれてはいけません。

2．「はじめ」の合図があったら，まず，表紙とすべての問題用紙の指定された場所に受験番号を記入しなさい。

3．どちらの問題から始めてもかまいません。

4．適性検査Ⅱの答えは，問題に続く［　　］でかこまれた場所に記入しなさい。

5．問題文や答えなどを声に出して読んではいけません。

6．印刷が悪くてわからないときや筆記用具を落としたときなどは，静かに手をあげなさい。

7．時間内に答えを書き終わっても，そのまま着席していなさい。

8．「やめ」の合図があったら，すぐに書くのをやめ，すべて表を向け，表紙を一番上にして，机の上に置きなさい。

受験番号

【問題１】 私たちが住む日本は，自然が豊かで「生物多様性」に富んだ国であると言われています。その理由を日本の国土の特徴（とくちょう）から，４つ以上答えなさい。

【問題２】 今，日本をふくめ世界中で，人間の暮らしの影響（えいきょう）で「生物多様性」が失われつつあることが問題となっています。「生物多様性」が失われれば，自然環境のバランスがくずれ，その恵みを受けられなくなってしまいます。私たち人間が「生物多様性」を守っていくためには，どのような取り組みが必要だと思いますか。あなたの考える取り組みと，期待できる効果を例にならって，具体的に３つ答えなさい。

	生物多様性を守る取り組み	具体的な効果
例	水産物の漁かく制限をする	魚の絶滅（ぜつめつ）を防ぐことができる
①		
②		
③		

受験番号

4 総合

地球上には3000万種類もの生き物がいると言われています。人間もふくめた，たくさんの種類の生き物すべてが，複雑に関わりあって存在していることを「生物多様性」といいます。

私たちは「生物多様性」がもたらす自然の恵みによって生活をしています。食べ物やエネルギー，生活に必要な製品の原材料など，多くのものが，生物からもたらされています。

下の資料は日本の「生物多様性」の一部を表したものです。

資料

釧路湿原（北海道）　タンチョウ（北海道）

サンゴ礁（東京都　小笠原諸島）　大山（鳥取県）

イリオモテヤマネコ（沖縄県）　エゾタンポポ（北海道）

（環境省ホームページ，「小学理科３」教育出版より作成）

受験番号

3 社会

太郎さんは家族といっしょに，姫路駅から新幹線に乗って，名古屋駅に向かいました。新幹線は，いくつかの駅に停車したのち，琵琶湖，関ヶ原を通り，名古屋駅に着きました。

【問題１】 新幹線は，姫路駅を出発してから名古屋駅に着くまでに，次の府県を通りました。

兵庫県⇒（　①　）⇒（　②　）⇒（　③　）⇒（　④　）⇒愛知県

②と④にあてはまる府県の組み合わせとして正しいものを，次のア～カより選び記号で書きなさい。

ア．②奈良県　④滋賀県　　　イ．②奈良県　④岐阜県
ウ．②奈良県　④三重県　　　エ．②京都府　④滋賀県
オ．②京都府　④岐阜県　　　カ．②京都府　④三重県

【問題２】 戦国時代，琵琶湖の東側に安土城を築き，そこを本拠地として，天下統一をすすめた人物名を漢字で書き，読みがなも書きなさい。

＜人物名＞　　＜読みがな＞

太郎さんは，戦国時代について調べ，次の資料（命令）を見つけました。

資料１

百姓が刀・わきざし・弓・やり・鉄砲，その他の武具を持つことを固く禁止する。その理由は，不必要な武具を持つと，年貢を納めずに一揆をくわだてることになるので，大名と家臣は，百姓の持っている武具をすべて取り上げ，差し出すこと。（一部をやさしく書き直したもの）

【問題３】 資料１の命令を何というか書きなさい。また，この命令を出した人物名を漢字で書き，読みがなも書きなさい。

＜命令＞　　＜人物名＞　　＜読みがな＞

【問題４】 資料１の命令を出したことにより，社会のしくみはどのように変わったか書きなさい。

【問題２】　太郎さんはお父さんと出かけた海岸で，右の図のような地層を見つけました。

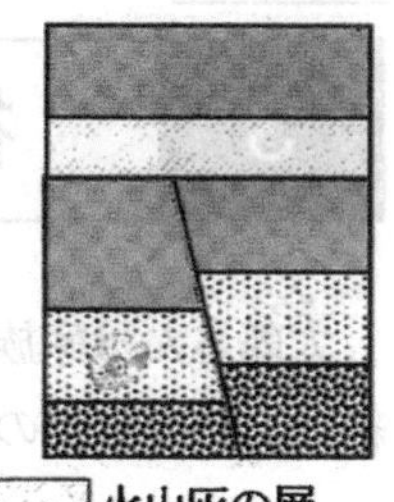

火山灰の層
どろの層
砂の層
れきの層
アンモナイトの化石

太郎さん　「どうして地層がずれているの。」
お父さん　「それはね，過去に地震が起きたからだよ。地層は過去に起きた大地の変化を教えてくれるんだ。」

（1）図のどろや砂，れきの層にふくまれる，それぞれの粒の形は丸みを帯びていました。それはなぜですか。説明しなさい。

（2）右上の図の地層からわかることとして正しいものを，次のア～エよりすべて選び，記号で答えなさい。

ア．れき，砂と積み重なったあと地震が起き，そのあとどろが積み重なった。
イ．地震が起きたあと，地層が陸上にあらわれ，表面がけずられた。
ウ．海の底で砂の層が積み重なった。
エ．火山の噴火のあと，地震が起きて地層がずれた。

（3）地震のとき，地下から水がしみ出し，右の写真のように電柱などがかたむくことがあります。この現象が発生するしくみを，下の図や説明文の続きをかいて，説明しなさい。

新潟大学ホームページより

〔図〕
1．

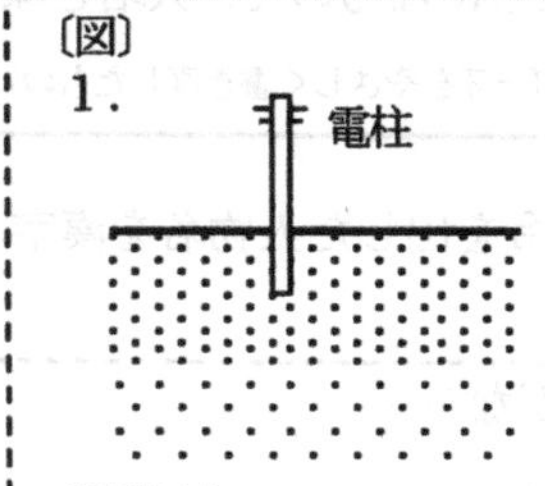

〔説明文〕
1．砂を多くふくむ層に電柱が立っている。この層は深くなるほど水を多くふくんでいる。

受 験 番 号

1 算数

【問題１】 計算のきまりには，次のようなものがあります。

計算のきまり

（ ）を使った式

（□＋○）×△＝□×△＋○×△

（□－○）×△＝□×△－○×△

たし算やかけ算

たし算 □＋○＝○＋□

（□＋○）＋△＝□＋（○＋△）

かけ算 □×○＝○×□

（□×○）×△＝□×（○×△）

（注）□，○，△には数が入ります。

この計算のきまりを使って，次の計算をしなさい。答えを求める式もかきなさい。

（１）$1.1+2.2+3.3+4.4+5.5+6.6+7.7+8.8+9.9$

（答え）＿＿＿＿＿＿

（２）25×36

（答え）＿＿＿＿＿＿

（３）$\frac{5}{6}\times\frac{5}{4}-\frac{9}{14}\times\frac{5}{4}$

（答え）＿＿＿＿＿＿

（４）$0.73\times31.4+2.7\times3.14+5\times0.314$

（答え）＿＿＿＿＿＿

平成２９年度

兵庫県立大学附属中学校

適　性　検　査　Ⅰ

(45分)　　　　(配点非公表)

1　道のりから求めよう

【問題１】　下のグラフは，兄は自転車で，弟は徒歩で家を出発し1800m離(はな)れた郵便局に行ったときの様子を表しています。次の問いに答えなさい。ただし，２人は同時に家を出発し，それぞれ一定の速さで，同じ道を利用しました。

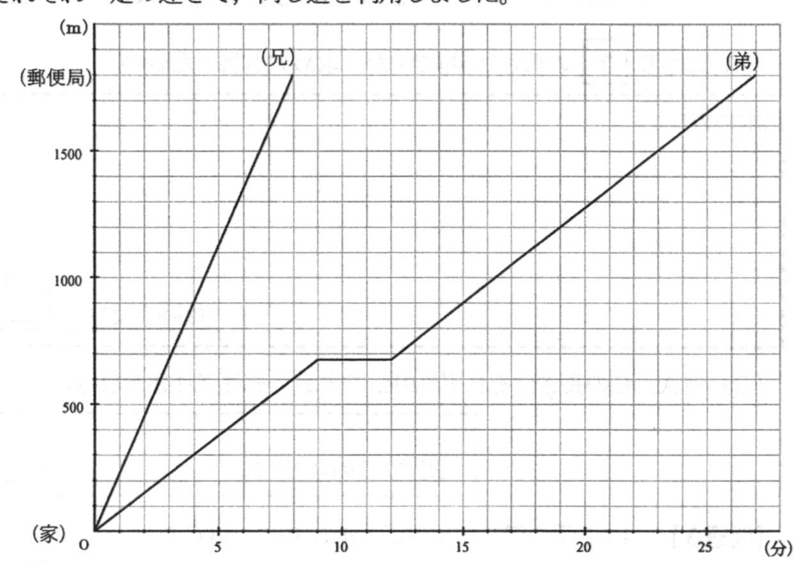

（1）兄の自転車の速さと弟の歩く速さを分速で求めなさい。必要な計算の式もかきなさい。

(式)

(答え) 兄＿＿＿＿＿＿　弟＿＿＿＿＿＿

（2）弟は，家を出発して９分後に，３分間休けいしました。そこは家から何m離れた所か求めなさい。

(答え)＿＿＿＿＿＿

（3）兄は，郵便局に着いてから４分後に，同じ道を同じ速さで家へ向かいました。兄が弟と出会うのは，家を出てから何分何秒後か求めなさい。必要な計算の式もかきなさい。

(式)

(答え)＿＿＿＿＿＿

【問題２】　糸と棒とおもりを使って，右の図のようなかざりをつくり，天井(てんじょう)からぶら下げました。このかざりの３本の棒A，B，Cは，すべて水平につりあっています。
　次の問いに答えなさい。ただし，この問題では糸と棒の重さは考えないものとします。

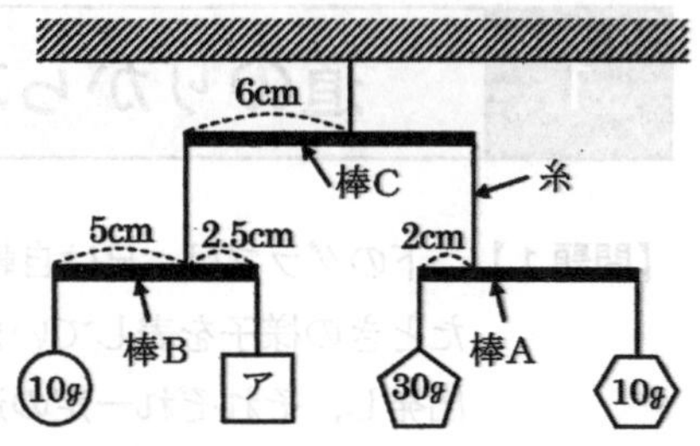

（１）おもり ア の重さは何gですか。求め方も書きなさい。

(求め方)

(答え) おもり ア の重さ ＿＿＿＿＿＿

（２）棒A，Cの長さはそれぞれ何cmですか。それぞれ書きなさい。

(答え) 棒Aの長さ ＿＿＿＿＿＿ 棒Cの長さ ＿＿＿＿＿＿

【問題３】　1.5L用の同じペットボトル３本に，43℃の湯を右の図のA，B，Cのように入れ，ふたをしっかり閉めました。その後，ペットボトルA，B，Cを冷蔵庫に入れ，３℃まで冷やすと，どのペットボトルもへこんで中の体積が小さくなりました。冷やしたペットボトルの中の体積が小さい順に記号を書きなさい。
　また，そのように考えた理由も書きなさい。

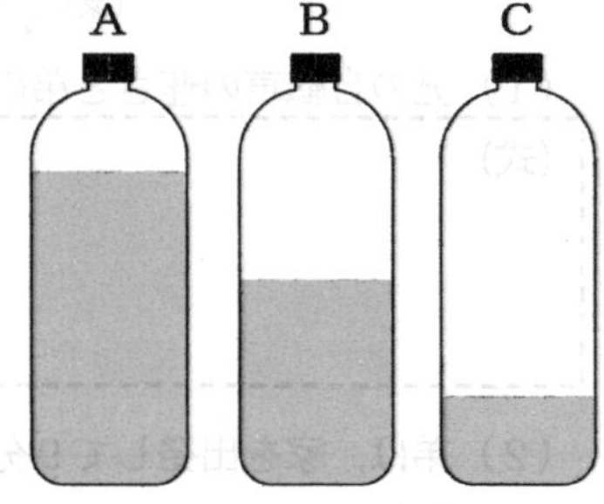

体積が小さい順（　　→　　→　　）

(理由)

3　仏教と文化のひろがり

資料１

聖武天皇（しょうむてんのう）　行基（ぎょうき）　鑑真（がんじん）

（「歴史総合」サポート CD-ROM　浜島書店より）

資料２

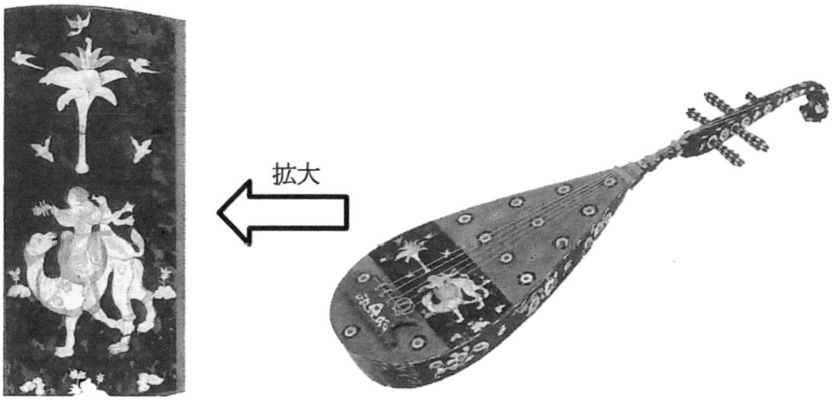

拡大

琵琶（びわ）…フタコブラクダ，ナツメヤシなどの絵でかざられている

（「学び考える歴史」浜島書店より）

当時日本で使われていた船（復元）　（「総合歴史」浜島書店より）

平成２９年度

兵庫県立大学附属中学校

適　性　検　査　Ⅱ

（作文と合わせて45分）　なお、作文の問題は非公表です。　　　　　　　　　　　　　　（配点非公表）

4　自然災害から身を守ろう

下の資料は，自然災害を防いだり，被害を減らしたりするために，国や県，市区町村が取り組んでいる様子です。

資料

（「島根県」・「交野市」・「北九州市」・「国土交通省」ホームページ等より作成）

【問題２】　Ａを出発してＢで停車し，Ｃまで走るバスがあります。右の表は，ある日の始発バスの各停留所における乗車人数，下車人数などを表したものです。Ｂでは新たに 13 人が乗車し，８人が下車しました。

おとな１人のバスの運賃は１㎞につき25円で，この日の始発バスの乗客はすべておとなでした。次の問いに答えなさい。

停留所	Aからのきょり（km）	乗車人数（人）	下車人数（人）
A		ア	
B	7	13	8
C	16		28

（1）ＢからＣまでのおとな１人の運賃を求めなさい。必要な計算の式もかきなさい。

(式)

(答え)

（2）表の**ア**の人数を求めなさい。必要な計算の式もかきなさい。

(式)

(答え)

（3）このバスを利用した乗客の運賃を合計するといくらになりますか。必要な計算の式と式の説明をかきなさい。

(式と式の説明)

(答え)

2　身近なものごとから考えよう

【問題１】　次の文を読んであとの問いに答えなさい。

資料

（京都府ホームページより）

花子さんは夏休みに，おじいさんの家に行きました。

おじいさんの家では，資料のように，ヒョウタン，ヘチマ，ツルレイシ（ニガウリ，ゴーヤと同じ植物）を植えていました。

花子さん　　「どうして窓の外に植物を植えているの。」

おじいさん　「暑さをやわらげるためだよ。」

（1）ヒョウタン・ヘチマ・ツルレイシから１つ選び，そのめばなのつくりを，例のように絵をかいて説明しなさい。なお，選んだ植物を○でかこみなさい。

例：アブラナ

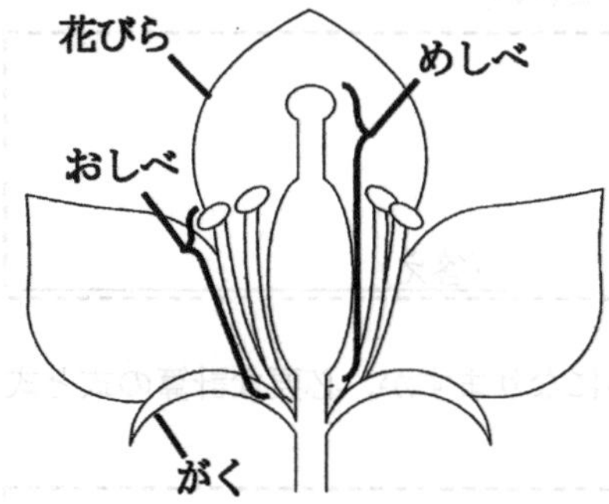

選んだ植物（　ヒョウタン　ヘチマ　ツルレイシ　）

（2）資料のような，窓の外の植物が暑さをやわらげる理由を，できるだけたくさん書きなさい。

【問題１】 資料１の３人の人物は，何時代に活躍(かつやく)したか書きなさい。また，この時代は仏教の力で国をおさめようとしました。３人は仏教を広めるためにどのようなことをしましたか。聖武天皇(しょうむてんのう)は２つ，行基(ぎょうき)，鑑真(がんじん)については１つ，文で説明しなさい。

（時代名）

（聖武天皇）

（行基）

（鑑真）

【問題２】 資料２の琵琶(びわ)は，東大寺(とうだいじ)につくられたある建物におさめられ，現在までつたえられています。その建物の名前を書きなさい。また，この建物におさめられた品々には共通点があります。その共通点を書きなさい。

（建物名）

（共通点）

【問題３】 資料２の琵琶にえがかれている絵と当時日本で使われていた船（復元）の写真を見て，日本，中国，その他の国々の人や物のつながりについて説明しなさい。

【問題１】　あなたが知っていることや左の資料を参考にしながら，国や県などがおこなっている災害への備えを，できるだけたくさん書きなさい。
なお，「～を防ぐ（減らす，守る）ために・・・する。」という書き方で書きなさい。

【問題２】　大きな地震（じしん）がおきて，あなたは自分の通っている小学校の体育館へ避難（ひなん）することになりました。避難所には，小さな子どもからお年寄りまで，さまざまな人々が集まってきています。少しでもすごしやすい避難所にするために，あなたならどんなことができますか。できるだけたくさん具体的に書きなさい。